TEORIA
DAS RELAÇÕES INTERNACIONAIS

www.saraivauni.com.br

Temas Essenciais em R.I. 2

Antônio Carlos Lessa
Henrique A. de Oliveira (Coords.)

TEORIA DAS RELAÇÕES INTERNACIONAIS

Daniel Jatobá

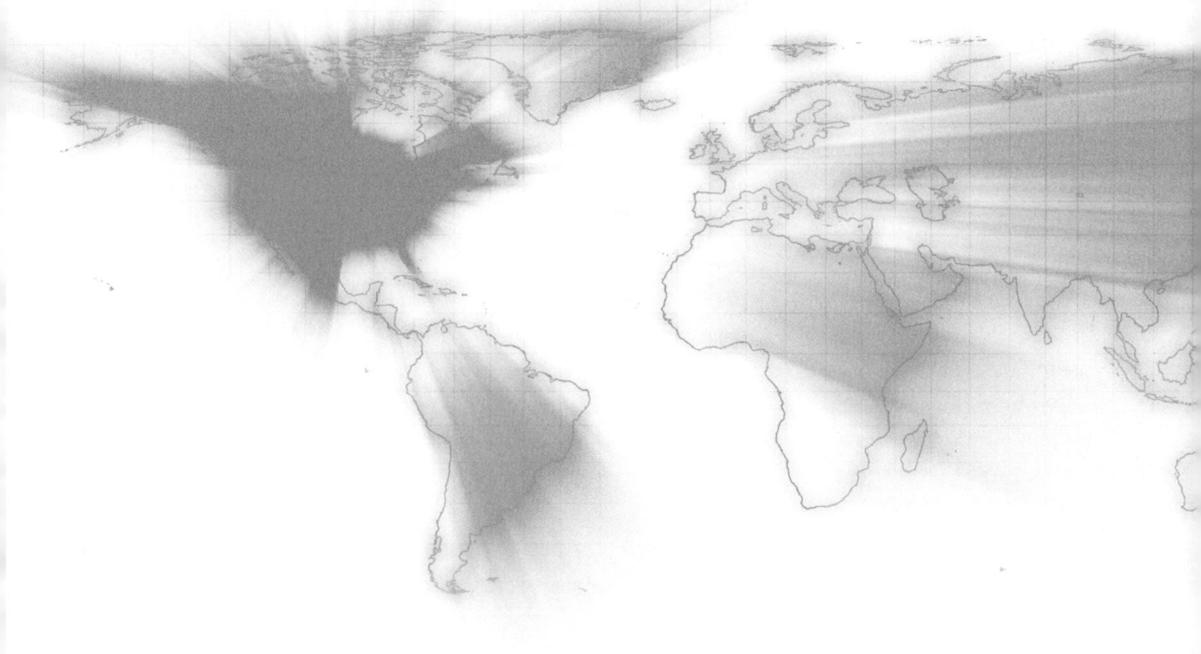

Editora Saraiva

Editora Saraiva

Rua Henrique Schaumann, 270
Pinheiros – São Paulo – SP – CEP: 05413-010
Fone PABX: (11) 3613-3000 • Fax: (11) 3611-3308
Televendas: (11) 3613-3344 • Fax vendas: (11) 3268-3268
Site: http://www.saraivauni.com.br

Filiais

AMAZONAS/RONDÔNIA/RORAIMA/ACRE
Rua Costa Azevedo, 56 – Centro
Fone/Fax: (92) 3633-4227 / 3633-4782 – Manaus

BAHIA/SERGIPE
Rua Agripino Dórea, 23 – Brotas
Fone: (71) 3381-5854 / 3381-5895 / 3381-0959 – Salvador

BAURU/SÃO PAULO (sala dos professores)
Rua Monsenhor Claro, 2-55/2-57 – Centro
Fone: (14) 3234-5643 – 3234-7401 – Bauru

CAMPINAS/SÃO PAULO (sala dos professores)
Rua Camargo Pimentel, 660 – Jd. Guanabara
Fone: (19) 3243-8004 / 3243-8259 – Campinas

CEARÁ/PIAUÍ/MARANHÃO
Av. Filomeno Gomes, 670 – Jacarecanga
Fone: (85) 3238-2323 / 3238-1331 – Fortaleza

DISTRITO FEDERAL
SIA/SUL Trecho 2, Lote 850 – Setor de Indústria e Abastecimento
Fone: (61) 3344-2920 / 3344-2951 / 3344-1709 – Brasília

GOIÁS/TOCANTINS
Av. Independência, 5330 – Setor Aeroporto
Fone: (62) 3225-2882 / 3212-2806 / 3224-3016 – Goiânia

MATO GROSSO DO SUL/MATO GROSSO
Rua 14 de Julho, 3148 – Centro
Fone: (67) 3382-3682 / 3382-0112 – Campo Grande

MINAS GERAIS
Rua Além Paraíba, 449 – Lagoinha
Fone: (31) 3429-8300 – Belo Horizonte

PARÁ/AMAPÁ
Travessa Apinagés, 186 – Batista Campos
Fone: (91) 3222-9034 / 3224-9038 / 3241-0499 – Belém

PARANÁ/SANTA CATARINA
Rua Conselheiro Laurindo, 2895 – Prado Velho
Fone: (41) 3332-4894 – Curitiba

PERNAMBUCO/ ALAGOAS/ PARAÍBA/ R. G. DO NORTE
Rua Corredor do Bispo, 185 – Boa Vista
Fone: (81) 3421-4246 / 3421-4510 – Recife

RIBEIRÃO PRETO/SÃO PAULO
Av. Francisco Junqueira, 1255 – Centro
Fone: (16) 3610-5843 / 3610-8284 – Ribeirão Preto

RIO DE JANEIRO/ESPÍRITO SANTO
Rua Visconde de Santa Isabel, 113 a 119 – Vila Isabel
Fone: (21) 2577-9494 / 2577-8867 / 2577-9565 – Rio de Janeiro

RIO GRANDE DO SUL
Av. A. J. Renner, 231 – Farrapos
Fone: (51) 3371- 4001 / 3371-1467 / 3371-1567 – Porto Alegre

SÃO JOSÉ DO RIO PRETO/SÃO PAULO (sala dos professores)
Av. Brig. Faria Lima, 6363 – Rio Preto Shopping Center – V. São José
Fone: (17) 3227-3819 / 3227-0982 / 3227-5249 – São José do Rio Preto

SÃO JOSÉ DOS CAMPOS/SÃO PAULO (sala dos professores)
Rua Santa Luzia, 106 – Jd. Santa Madalena
Fone: (12) 3921-0732 – São José dos Campos

SÃO PAULO
Av. Antártica, 92 – Barra Funda
Fone PABX: (11) 3613-3666 – São Paulo

381.829.001.001

ISBN 978-85-02-19969-9

CIP-BRASIL. CATALOGAÇÃO NA FONTE
SINDICATO NACIONAL DOS EDITORES DE LIVROS, RJ.

T288
v.2

Teoria das Relações Internacionais / Daniel Jatobá; Antônio Carlos Lessa, Henrique Altemani de Oliveira (Coord.). - São Paulo : Saraiva, 2013.

144p. : 24 cm (Temas essenciais em RI)

ISBN 978-85-02-19969-9

1. Relações Internacionais. 2. Política internacional. 3. Política econômica. I. Jatobá, Daniel II. Lessa, Antônio Carlos,- 1970- III. Oliveira, Henrique Altemani de, 1945-. IV. Série.

13-0971. CDD: 337
CDU: 338.22

15.02.13 18.02.13 042806

Direção editorial	Flávia Alves Bravin
Coordenação editorial	Rita de Cássia da Silva
Aquisições	Ana Paula Matos
Editorial Universitário	Luciana Cruz Patricia Quero
Editorial Técnico	Alessandra Borges
Editorial de Negócios	Gisele Folha Mós
Produção editorial	Daniela Nogueira Secondo Rosana Peroni Fazolari
Produção digital	Nathalia Setrini Luiz
Suporte editorial	Najla Cruz Silva
Arte e produção	MSDE / MANU SANTOS Design
Capa	MSDE / MANU SANTOS Design
Produção Gráfica	Liliane Cristina Gomes
Impressão e acabamento	Prol Editora Gráfica

Contato com o editorial
editorialuniversitario@editorasaraiva.com.br

1ª edição

SaraivaUni

À Professora Ana Lucia Pedreira Jatobá, que despertou em mim,
talvez involuntariamente, a paixão pela educação.

Sobre os autores

DANIEL JATOBÁ é doutor em Ciência Política pelo Instituto de Estudos Sociais e Políticos da Universidade Estadual do Rio de Janeiro (IESP-UERJ), tendo realizado estágio doutoral na Universidade Torcuato Di Tella, em Buenos Aires, e é mestre em Relações Internacionais pelo Instituto de Relações Internacionais da Universidade de Brasília (iREL/UnB). Desde 2003, leciona Teoria das Relações Internacionais nos níveis de graduação e pós-graduação de diversas instituições de excelência, como a própria UnB, onde ensina desde 2008, e o Instituto Rio Branco do Ministério das Relações Exteriores (IRBr/MRE). Atualmente, é Professor Adjunto da UnB e coordenador do Grupo de Pesquisa em Teorias das Relações Internacionais, Brasil e América Latina (TRIBAL).

Contato com o autor: DJATOBA@editorasaraiva.com.br

ANTÔNIO CARLOS LESSA (Coord.) é pós-doutor pela Université de Strasbourg, doutor e mestre em História pela Universidade de Brasília (UnB) e graduado em Relações Internacionais pela mesma instituição. Atualmente, é professor do Instituto de Relações Internacionais da UnB e pesquisador do Conselho Nacional de Desenvolvimento Científico e Tecnológico (CNPq). É editor da *Revista Brasileira de Política Internacional* (RBPI), do *Boletim Meridiano 47* e coordenador do projeto Mundorama na UnB, iniciativa de divulgação científica em Relações Internacionais no Brasil.

Contato com o autor: ACLESSA@editorasaraiva.com.br

HENRIQUE ALTEMANI DE OLIVEIRA (Coord.) é doutor e mestre em Sociologia pela Universidade de São Paulo (USP) e graduado em Ciências Sociais pela mesma instituição. Atualmente é Pesquisador Visitante e Coordenador Adjunto do Mestrado em Relações Internacionais da Universidade Estadual da Paraíba. É igualmente Professor do Programa de Relações Internacionais da Pontifícia Universidade Católica de São Paulo e Coordenador do Grupo de Estudos Ásia Pacífico. Foi Coordenador Adjunto do Núcleo de Pesquisa em Relações Internacionais da USP e Professor e Coordenador do Mestrado em Relações Internacionais da Universidade de Brasília (UnB).

Contato com o autor: ALTEMANI@editorasaraiva.com.br

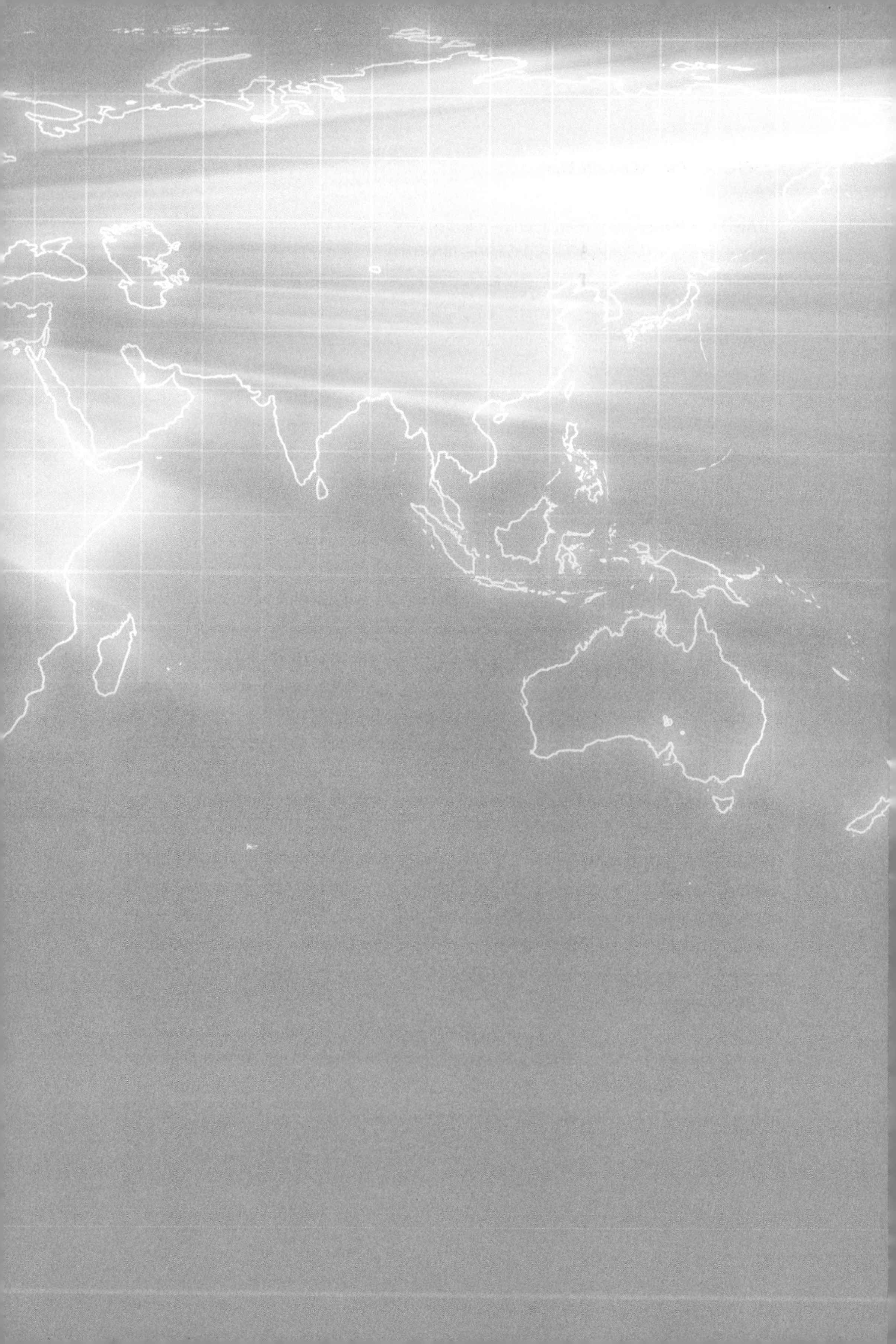

Sumário

Introdução

Quando se fala em Relações Internacionais (RI)[1] enquanto área do conhecimento, pressupõe-se a existência de uma comunidade acadêmica especializada no tema, a qual se reconhece e se identifica com a disciplina. Essa comunidade é formada por um conjunto de indivíduos que, mesmo em momentos históricos e locais distintos, conjugam seus esforços intelectuais para produzir saberes sobre a realidade internacional. Isso não significa que haja um acordo completo sobre o que se deve estudar, nem sobre como fazê-lo ou, menos ainda, sobre como devem ser interpretadas as relações internacionais, sejam elas históricas, sejam contemporâneas. O conhecimento social produzido por esses acadêmicos, por sua vez, é frequentemente materializado por meio da elaboração de diferentes teorias que buscam descrever e explicar os fenômenos estudados. O objetivo deste livro é apresentar ao leitor o desenvolvimento histórico das RI e as perspectivas teóricas consideradas essenciais para o conhecimento dessa disciplina, uma invenção do século XX que tem ganhado cada vez mais espaço no século atual.

Assim como ocorre em outros campos, as RI possuem um objeto de estudo próprio e mais ou menos definido, que não se confunde com os objetos de outras áreas do conhecimento. Os fenômenos internacionais provocam consequências econômicas, políticas e sociais sobre as inúmeras sociedades que habitam o mundo e, por essa razão, são estudados por outros especialistas, como cientistas políticos, juristas, sociólogos, economistas, antropólogos e historiadores. A existência de um campo acadêmico com um objeto próprio não significa que os internacionalistas vivam isolados das demais ciências sociais; ao contrário, o estudo contemporâneo das RI incorpora preocupações, teorias e conceitos desenvolvidos em outras áreas. Apesar disso, o conjunto de agentes, processos e estruturas aos quais se dedicam os estudiosos de RI delimita um campo acadêmico específico, o que explica a existência de um número crescente de cursos de graduação e pós-graduação, revistas especializadas, seminários e outros encontros acadêmicos, além de associações profissionais espalhadas pelo mundo todo. As RI podem ser caracterizadas como um campo de estudos multidisciplinar; paradoxalmente, os estudiosos das RI incorporam as contribuições de outras disciplinas, mas também pretendem estabelecer sua autonomia diante de áreas como Ciência Política, Direito, Sociologia, Economia, Antropologia, História etc.

A elaboração de perspectivas teóricas próprias é parte fundamental do esforço de consolidar uma disciplina em particular. As teorias de RI podem ser definidas como construções discursivas que articulam determinados conceitos referentes à política mundial, isto é, às

1 A primeira distinção a ser feita diz respeito ao uso da expressão "Relações Internacionais (RI)", com iniciais maiúsculas, que se refere à disciplina acadêmica, e "relações internacionais", com iniciais minúsculas, termo que se refere ao conjunto de fenômenos do mundo aos quais os acadêmicos dedicam seus esforços intelectuais com o propósito de compreendê-los.

relações internacionais enquanto conjunto de fenômenos. As diversas teorias propõem-se a sistematizar, de forma logicamente coerente e em linguagem clara, o conhecimento sobre a realidade estudada, e são consideradas indispensáveis para a compreensão desses fenômenos. Sem teorias, tanto os analistas como os tomadores de decisão ficariam desorientados diante da complexidade dos fatos que compõem qualquer realidade social. Conforme a analogia de Edward H. Carr, um dos primeiros a teorizar sobre o assunto, "Um fato é como um saco – não fica de pé até que se ponha algo dentro dele".[2] O que confere sentido tanto à multiplicidade como à complexidade dos fatos históricos é justamente o discurso teórico utilizado para interpretá-los, com seus conceitos e questões particulares.

Como ficará claro ao final da leitura, há muitas formas de enxergar as relações internacionais, o que talvez gere a impressão de que se trata de um confuso caleidoscópio de conceitos, argumentos e visões de mundo inconciliáveis entre si. Para alguns, poderá mesmo parecer que seu campo teórico das RI encontra-se em estado caótico. O leitor não deve, porém, desanimar em seus estudos e reflexões, pois, mesmo que não haja meios seguros para escolher entre as teorias rivais, pode-se argumentar que, sem elas, qualquer estudioso ficaria ainda mais desorientado em meio ao continuum de fatos e processos que constituem as relações internacionais. Se, por acaso, o leitor sentir-se desnorteado diante da miscelânea de perspectivas apresentadas, talvez lhe sirva de alento o exercício de imaginar-se diante do mundo sem o auxílio incalculável das teorias existentes.

Em resumo, as teorias são conjuntos articulados de conceitos, isto é, conjuntos de enunciados linguísticos cujos significados apresentam conteúdos referidos ao mundo em que vivemos. Elas são criadas pelos estudiosos para conferir sentido à realidade, mas não resultam apenas de esforços isolados deste ou daquele indivíduo; elas são elaboradas em meio aos debates entre os membros da comunidade acadêmica especializada e sob a influência das diversas áreas do conhecimento social. Além disso, é importante sublinhar que as teorias estão em constante diálogo com os próprios discursos dos incontáveis agentes que, ao realizar suas práticas, buscam explicar ou justificar suas ações políticas. Por tudo isso, destaca-se a dimensão social do processo de construção de teorias, na medida em que se conjugam os esforços de muitos indivíduos, oriundos das mais diversas áreas do conhecimento e em diálogo constante com a dimensão prática das relações internacionais, a qual está sempre circunscrita em relações de poder.

Finalmente, cabe acrescentar que as perspectivas teóricas apresentadas nesta obra possuem dois aspectos interdependentes, cujos significados e relações recíprocas devem ser acentuados desde já. De um lado, cada teoria assume certas premissas ou suposições sobre aquilo que constitui a "realidade" das relações internacionais. Esse é o elemento ontológico das teorias, isto é, são identificados tanto os diversos elementos que constituem a realidade quanto

2 CARR, Edward H. *What Is History?* London: Penguin, 1960.

os modos como esses elementos, entidades ou processos sociais estão conectados entre si. De outro lado, as teorias também assumem preferências normativas sobre como o mundo "deve ser" organizado, mesmo quando afirmam estar apenas constatando o modo como ele é, pois sempre são fornecidas bases para a elaboração de juízos sobre a realidade. O elemento ontológico e o normativo estão sempre presentes nos diversos discursos teóricos e, embora possam ser distinguidos para fins de análise, na prática nunca são completamente independentes. As teorias não são capazes de simplesmente descrever ou explicar determinado estado de coisas, pois elas sempre nos apresentam as possibilidades existentes para a ação humana, para a intervenção na realidade social. Sendo assim, as teorias são construções intelectuais que sempre apontam, para além de seus elementos explicitamente descritivos ou explicativos, certos horizontes práticos e éticos.

O livro que você tem em mãos apresenta um panorama das teorias das RI, desde a formação da disciplina no início do século passado, passando pelas teorias mais tradicionais desenvolvidas durante o período da Guerra Fria para, enfim, alcançar as perspectivas mais críticas e inovadoras, as quais se consolidaram principalmente desde o fim da bipolaridade, marco histórico que contribuiu para o processo de expansão teórica do campo. A obra está organizada em quatro capítulos. No Capítulo 1 serão apresentados o surgimento do ensino e pesquisa em RI e a imagem dos quatro grandes debates teóricos que servem, antes de tudo, para situar o leitor diante do desenvolvimento da disciplina ao longo do século XX. No Capítulo 2 serão apresentadas as três principais perspectivas teóricas desenvolvidas durante a Guerra Fria (realismo político, internacionalismo liberal e globalismo) e suas principais vertentes internas. Por fim, nos dois últimos capítulos serão apresentadas as novas abordagens teóricas das RI, surgidas nas últimas décadas do século XX, que vêm ganhando um espaço significativo nas discussões contemporâneas. Assim, o Capítulo 3 apresenta as contribuições e principais vertentes da teoria crítica e do construtivismo social, enquanto o Capítulo 4 discorre sobre as contribuições do pós-estruturalismo e do pós-modernismo, das perspectivas de gênero e do pós-colonialismo ao estudo das relações internacionais. Cada capítulo termina com uma lista de questões para reflexão e discussão em sala de aula e uma lista de recursos adicionais para complementar a busca de conhecimentos sobre o campo teórico das RI. Bons estudos!

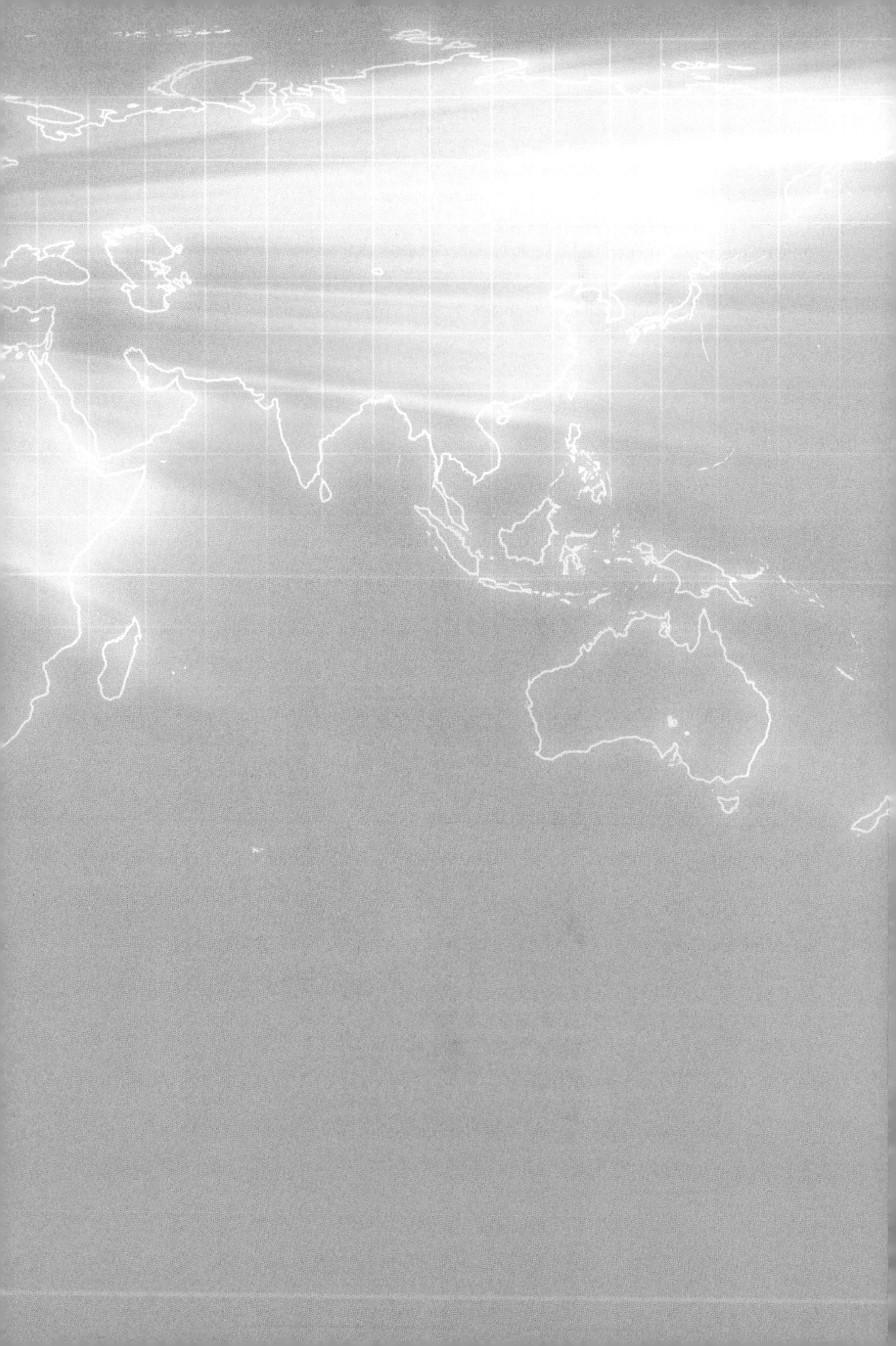

Capítulo 1

A formação da disciplina de Relações Internacionais e os principais debates teóricos do século XX

RI é uma invenção do século XX, uma disciplina cujas origens são associadas aos esforços de intelectuais e líderes políticos das principais potências do mundo para reestabelecer a ordem internacional após a Primeira Guerra Mundial.

Desde a criação das primeiras cátedras, cursos universitários e centros de pesquisa, os estudiosos desse campo vêm se esforçando para justificar a existência de uma certa área do conhecimento social, ainda que em relação contínua com outras ciências humanas e sociais, na medida em que também é notável a influência de suas inspirações teórico-filosóficas sobre o pensamento produzido pela disciplina de RI. Este capítulo apresenta o contexto de formação dessa disciplina e fornece um panorama dos principais debates teóricos que acompanharam o seu desenvolvimento. Trata-se de quase um século de existência, o que requer a elaboração de uma síntese extraordinária. Para isso, a ideia de uma sequência de "grandes debates teóricos" deverá ajudar na apresentação deste resumo.

Assim como ocorre nas diversas áreas do conhecimento, os estudiosos de RI não elaboram apenas descrições e explicações fundamentadas em suas respectivas teorias; eles também constroem imagens ou narrativas sobre o desenvolvimento histórico da disciplina. Essas narrativas podem ser mais ou menos apuradas, ter maior ou menor abrangência, e seu alcance é determinado pela finalidade que têm a cumprir. O teórico Steve Smith,[1] chamou-as de "autoimagens", por serem elaborações feitas no âmbito da própria disciplina e referidas a si mesma. De um modo ou de outro, as autoimagens de RI buscam descrever o desenvolvimento do campo ao longo do tempo ou o estado de coisas em um dado momento. A maneira como a Teoria das Relações Internacionais (TRI) é descrita e categorizada ajuda a privilegiar certas interpretações, isto é, a consolidar o domínio de determinados entendimentos sobre a disciplina. Quando se opta por apresentar o campo teórico das RI como uma sequência de "grandes debates", como se faz neste capítulo a título de introdução, isso pressupõe a escolha de um procedimento em particular, em detrimento de inúmeras outras formas possíveis de apresentar a evolução da disciplina ao longo do último século. Por essa razão, também serão apresentadas aqui as principais ressalvas e críticas formuladas a essa forma de enxergar o desenvolvimento histórico do campo.

A representação de uma sequência de debates é a autoimagem mais persistente no estudo da TRI, sobretudo quando se tem a intenção de fornecer uma visão histórica da disciplina. Em particular, essa é uma imagem incansavelmente repetida nos Estados Unidos, que possui a academia mais consolidada e produtiva na área, bem como nos países onde há maior influência das visões e teorias produzidas por lá. Solicite a um especialista que apresente o desenvolvimento da disciplina em meia hora e, muito provavelmente, ele lhe contará a história de três ou quatro grandes debates teóricos. Essa autoimagem pode ser considerada um bom ponto de partida para sintetizar quase cem anos de produção teórica. Mais do que uma representação

1 SMITH, Steve. The self-image of a discipline: a genealogy of international relations theory. In: BOOTH, Ken; SMITH, Steve (ed.). *International Relations* Theory Today. Pennsylvania: The Penn State University, 1995.

didática do desenvolvimento histórico da TRI, a percepção contemporânea de "onde estamos" é profundamente moldada por essa ideia.

Os dois primeiros debates teóricos são claramente definidos, não havendo divergências relevantes entre os estudiosos, enquanto as visões associadas ao terceiro e ao quarto debates são mais diversas. Assim, o primeiro debate foi protagonizado pelas visões liberais e realistas sobre questões substantivas da política internacional do período entreguerras; o segundo debate ocorreu nas décadas de 1950 e 1960, enfatizou questões metodológicas e envolveu os chamados behavioristas ou cientificistas e os defensores da abordagem humanista ou tradicionalista. Neste livro, adota-se a visão de que o terceiro debate foi o interparadigmático, ocorrido entre os novos realistas, liberais e perspectivas globalistas a partir dos anos 1970, enquanto o quarto debate teve início nas duas últimas décadas do século XX e opôs os críticos pós-positivistas e os defensores do positivismo. Este capítulo está dividido em duas seções, que dão início à apresentação das teorias de RI. A Seção 1.1 apresenta o contexto e as iniciativas que deram origem à formação da disciplina de RI após a Primeira Guerra; a Seção 1.2 introduz a autoimagem dos "grandes debates" e apresenta as principais correntes de pensamento envolvidas. Enfim, cabe reforçar a ideia de que se trata, acima de tudo, de um procedimento escolhido para a apresentação sintética, didática e preliminar das teorias de RI. Os demais capítulos do livro apresentarão análises mais detalhadas das principais perspectivas teóricas do campo, respeitando a divisão anunciada na Introdução.

1.1 O surgimento do ensino e pesquisa em RI

Ainda que a disciplina de RI seja uma invenção do século XX, a elaboração de reflexões sobre as relações entre diferentes comunidades políticas é uma atividade tão antiga quanto contemporânea. Ela é antiga na medida em que, ao longo da história, inúmeros pensadores escreveram obras sobre questões que hoje fazem parte do estudo das relações internacionais. Esses pensadores buscaram conferir sentido às relações entre as comunidades políticas – como as cidades-estado da antiga civilização grega ou os Estados modernos, por exemplo – identificando padrões de conduta ou questionando-se sobre as normas vinculadas a suas ações. Como observa Antônio Jorge da Rocha,[2] mesmo textos produzidos há quinhentos, há mil ou dois mil anos podem trazer lições úteis à compreensão de uma realidade internacional complexa como a que marca o início do século XXI, em virtude do rigor lógico dos discursos produzidos e da correspondência a fenômenos observáveis em qualquer experiência social. O autor conclui que não se leem autores como Tucídides, Aristóteles, Nicolau Maquiavel, Thomas Hobbes, Emerich de Vattel, Hugo Grotius ou Jean-Jacques Rousseau simplesmente

2 ROCHA, Antônio Jorge. *Relações Internacionais* – teorias e agendas. Brasília: IBRI, 2002.

por diletantismo ou por vaidade intelectual, mas por haver na obra desses pensadores argumentos úteis ao esforço de compreender o mundo em que vivemos.

Entretanto, de acordo com a visão convencional, o estudo sistemático das relações internacionais surgiu como uma das reações à Primeira Guerra Mundial. Os pensadores do passado são considerados não mais que precursores da disciplina, o que não implica desconsiderar a influência exercida por eles, com suas reflexões de natureza histórica, política, ética, jurídica etc. sobre as perspectivas teóricas desenvolvidas no século XX. A diferença principal é que, a partir da criação da primeira cátedra para o estudo do tema, em 1919, sob o impacto da guerra, estabeleceram-se bases institucionais para a análise sistemática dos fenômenos internacionais. Nesse sentido, o estudo contemporâneo das RI teve início com a fundação da cadeira Woodrow Wilson, na Universidade de Aberystwyth (País de Gales), a primeira iniciativa acadêmica com a finalidade específica de investigar as causas da guerra e formular propostas para a busca da paz, em particular para a atuação da Liga das Nações, organização intergovernamental criada no imediato pós-guerra com o objetivo de evitar outras guerras daquelas proporções.

Com a criação das primeiras cadeiras universitárias, cursos, revistas especializadas e centros de pesquisa, a intenção era reproduzir avanços científicos semelhantes aos que eram percebidos nas ciências sociais já existentes (como Ciência Política, Economia e Sociologia, por exemplo) desde o final do século XIX. Ou seja, além do impacto gerado pelas devastadoras consequências sociais e econômicas da Primeira Guerra, o desenvolvimento em outras áreas de conhecimento foi um dos principais incentivos para a formação da disciplina hoje conhecida como RI. Esses dois fatores somavam-se e sustentavam-se na crença, então compartilhada por políticos, acadêmicos, empresários e cidadãos comuns, de que era preciso conhecer melhor as causas e as consequências das dinâmicas internacionais, cujo peso aumentava à medida que se intensificavam os vínculos de interdependência entre as diversas sociedades. Os pioneiros do campo e seus incentivadores acreditavam que, ao produzir conhecimentos com validade científica, tornariam esses saberes disponíveis aos tomadores de decisão, que poderiam adotar comportamentos mais favoráveis ao estabelecimento da paz entre as nações. É nesse sentido que se afirma, frequentemente, que o surgimento do campo foi marcado pelo idealismo político, tema que será retomado mais adiante.

A partir dos anos 1920, foram criados novos centros de ensino e pesquisa, sobretudo na Grã-Bretanha e nos Estados Unidos; essas instituições constituíram as primeiras bases para o estudo contemporâneo de RI. Cabe destacar entre elas algumas que não eram propriamente acadêmicas, mas nas quais os temas internacionais e de política externa eram debatidos de forma consistente e com certo grau de influência sobre os governos desses dois países: em 1920, foi criado em Londres o British Institute of International Affairs, rebatizado, em 1926, como Royal Institute of International Affairs (RIIA), conhecido também como Chatam House; em 1921, foi criado, em Nova York, o Council of Foreign Relations (CFR). A decisão de criar essas instituições foi tomada pelos delegados britânicos e norte-americanos ainda na Conferência de Paz de Paris, que pôs fim à Primeira Guerra. Essas instituições existem até hoje, assim como os cursos universitários que foram inaugurados naquele mesmo período (na London School of Economics, em 1923, e na Universidade de Oxford, em 1930). Logo depois, foram criados também os primeiros cursos universitários nos Estados Unidos. Em nenhuma outra região do mundo as instituições de ensino e pesquisa em RI se desenvolveram tanto como no eixo anglo-americano.

O surgimento da disciplina foi marcado por esse caráter pragmático, isto é, os estudiosos preocupavam-se com questões de natureza substantiva ou com a aplicação prática dos conhecimentos produzidos pela ciência nascente. A alegação de que havia uma especificidade do próprio objeto de estudos, pois as dinâmicas das relações internacionais não seguiam as mesmas lógicas das relações ocorridas dentro de cada um dos Estados, servia de justificativa para a construção de uma disciplina à parte, capaz de desenvolver teorias e instrumentos de análise a esses fenômenos. A dimensão prática da disciplina, em seu início, também esteve associada ao seu caráter predominantemente liberal, uma vez que as primeiras investigações e os trabalhos pioneiros estiveram marcados, sobretudo, pela crença iluminista no progresso humano, assim como pelo liberalismo do século XIX e pelo idealismo do então presidente norte-americano Woodrow Wilson, homenageado pela primeira cátedra universitária criada na Grã-Bretanha.

Wilson teve uma carreira acadêmica antes de candidatar-se à presidência dos Estados Unidos, tendo sido reitor da Universidade de Princeton. Conhecido por suas ideias liberais, ele se inspirou nas doutrinas de filósofos como Jean-Jacques Rousseau e John Stuart Mill para propor aquilo que, segundo ele, eram as bases para uma nova ordem mundial, em que prevaleceriam a prosperidade econômica e a paz entre as nações. Um conhecido episódio daquele período foi a mensagem presidencial dirigida ao Congresso norte-americano em 8 de janeiro de 1918, conhecido como "os catorze pontos de Wilson". Nele, o presidente propunha um conjunto de ações que incluíam, entre outros temas, a remoção de barreiras ao livre comércio, a promoção da autodeterminação dos povos, o fim da diplomacia secreta, a livre-navegação marítima e a criação de regras que limitassem a disponibilidade de equipamentos bélicos. .

O mais conhecido dos pontos propostos por Wilson, no entanto, foi a criação da Liga (ou Sociedade) das Nações e, dentro dela, um sistema de segurança coletiva, de modo que uma coalizão de países pudesse agir para manter a paz mundial. O pacto que criou a Liga foi firmado em 28 de abril de 1919, como anexo aos tratados de paz. Porém, a entidade já nasceu enfraquecida e quedou inerte quando sua ação era premente. Ironicamente, uma das razões do fracasso da Liga consistiu no fato de que o Tratado de Versalhes não foi ratificado pelo Senado dos Estados Unidos. Apesar disso, o idealismo liberal de Wilson influenciou fortemente os debates sobre a política internacional nas duas décadas seguintes, marcando tanto as posições dos que apoiavam a iniciativa como as daqueles que criticavam sua esterilidade ou incapacidade de ação diante das dinâmicas da política internacional das décadas de 1920 e 1930.

De qualquer modo, estavam lançadas as bases institucionais pioneiras daquilo que passaria a ser a disciplina acadêmica, ou campo de estudos, conhecida como RI.

1.2 A disciplina de RI e a autoimagem dos "grandes debates teóricos"

A imagem das RI como uma sequência de debates teóricos mais ou menos definidos, em termos das principais correntes em disputa e de sua delimitação temporal é uma ideia persistente, ainda que controversa, entre os estudiosos do campo. Neste livro, ela é utilizada como um ponto de partida para a apresentação preliminar do desenvolvimento da área. Trata-se de um suporte introdutório e assumidamente limitado para o entendimento de algumas das principais questões discutidas pelos especialistas no último século. Por isso, depois de apresentar cada um desses conhecidos debates em linhas gerais, ao final da seção são mencionadas as principais críticas a essa autoimagem, para que o próprio estudante apure o senso crítico e se abra para outras visões menos simplificadas das perspectivas teóricas disponíveis para o estudo da política mundial. O esforço, nos próximos capítulos, é tentar aprimorar a visão do estudante a partir da apresentação das perspectivas teóricas mais difundidas no campo, muitas das quais são pouco abordadas por outros livros-texto ou estão ausentes em alguns deles. Mas vamos por partes.

O "primeiro grande debate" corresponde às décadas iniciais de formação do que hoje é chamado de RI. Entre o final da Primeira Guerra Mundial e o final da Segunda, os debates sobre a política internacional foram dominados pelas divergências entre os defensores do internacionalismo liberal (ou "idealismo", termo pejorativo cunhado por seus críticos) e os defensores do realismo político. A perspectiva internacionalista liberal é representada pelos autores pioneiros, que, em sua maioria, compartilhavam o objetivo de identificar as causas da guerra para buscar as condições necessárias para a existência de uma ordem internacional mais pacífica. Muitos pensadores liberais daquele período tinham orientações distintas entre si, mas entraram para a história das RI pelas premissas supostamente compartilhadas, como a crença na harmonização dos interesses nacionais, no progresso da humanidade, na existência de uma justiça objetiva e, finalmente, na ideia de que a racionalidade e a moralidade intrínsecas ao homem seriam capazes de promover transformações no sistema internacional. As mudanças em relação ao passado conflituoso seriam atingidas pela adoção de suas propostas, fosse pela criação de instituições internacionais com autoridade sobre os próprios Estados, pelo aprofundamento dos vínculos de interdependência econômica e comercial, fosse, ainda, pela criação de uma rede de instituições que vinculassem as decisões dos Estados, os quais, no entanto, preservariam sua autoridade soberana e exclusiva.

No outro polo do debate encontravam-se os realistas, cuja crítica era direcionada às bases intelectuais e políticas daquilo que consideravam o idealismo utópico de seus adversários.

Os realistas daquela primeira geração reivindicavam a herança de certa tradição do pensamento político ocidental, sobretudo de Thomas Hobbes e Nicolau Maquiavel, para defender a especificidade da política internacional como uma espécie de "estado de natureza", no qual os interesses dos Estados não se submetiam às restrições morais pressupostas pelo liberalismo. A visão de mundo dos realistas concebia o ambiente internacional como um meio anárquico, por oposição à hierarquia vigente no interior dos Estados. Em consequência do egoísmo estatal, reflexo da própria natureza humana, predominavam entre as principais potências a incessante luta pelo poder e o inevitável choque de interesses nacionais. As relações internacionais são caracterizadas pela política de poder e pela lógica da balança de poder, mecanismo pelo qual as nações satisfeitas defendem a manutenção do *status quo* e, racionalmente, buscam conter as pretensões daqueles que, encontrando-se em ascensão, realizam políticas que desafiam a configuração de poder vigente. Assim, a recorrência dos conflitos armados entre as grandes potências é uma característica incontornável da política internacional, ao contrário do que afirmavam as pretensões utópicas dos defensores do liberalismo internacional durante o entreguerras. Os principais autores e argumentos daquela primeira geração de liberais e de realistas serão retomados no Capítulo 2, mas cabe acentuar que existe hoje um esforço de revisionismo histórico dos trabalhos produzidos no período entreguerras.

A partir dos anos 1950, com o crescimento da disciplina acadêmica de RI, surgiu uma nova geração de estudiosos, incentivados pelo apoio dado às pesquisas sobre política internacional por agências governamentais e ricas fundações privadas, principalmente nos Estados Unidos. A consolidação da disciplina trouxe à tona as discussões sobre a metodologia (isto é, "Como estudar as relações internacionais?"), diferentemente das preocupações mais substantivas do debate anterior. O debate metodológico decorreu, pelo menos em parte, da mudança no perfil daqueles que escreviam sobre relações internacionais. Enquanto os autores do período entreguerras tinham formação em áreas das humanidades, como História, Direito ou Filosofia, ou então eram políticos, diplomatas ou jornalistas que se dedicavam a escrever sobre política internacional, a nova geração foi formada nas universidades e nas novas ciências sociais do século XIX, como Ciência Política ou Economia, disciplinas nas quais as pretensões positivistas eram mais presentes, em detrimento do humanismo tradicional. Além disso, a profissionalização acadêmica na área de RI começava a se consolidar. Essas mudanças implicaram uma forte preocupação com o rigor metodológico, em particular sob a influência da chamada "revolução behaviorista" ocorrida na Ciência Política norte-americana em meados do século.

O debate ocorrido naquele contexto ficou conhecido pela oposição entre os "behavioristas" (ou "cientificistas"), que pretendiam trazer para a área de RI os métodos e técnicas inspirados em outras ciências sociais ou mesmo das ciências naturais, e os defensores da abordagem "tradicional" (ou "humanistas"), que reagiam às pretensões dos primeiros, em defesa de uma abordagem simultaneamente filosófica, histórica, jurídica e sociológica das relações internacionais. A proposta dos behavioristas era tornar RI uma disciplina científica capaz de produzir conhecimentos mais rigorosos sobre os fenômenos internacionais, o que deveria ser feito a partir da construção de esquemas classificatórios, mensurações quantitativas e hipóteses explicativas comprováveis empiricamente por meio de processos de experimentação precisos. A reação daqueles que consideravam RI uma disciplina humanista de pleno direito e, portanto, não passível de ser estudada pelos métodos estritamente técnicos ou alegadamente científicos, reforçava a importância do exercício do julgamento, do conhecimento histórico e da impossibilidade de aplicação do experimentalismo para o estudo das relações humanas como aquelas que caracterizam as relações internacionais. Curiosamente, o debate metodológico que opôs os behavioristas e os humanistas recebeu novo impulso a partir dos anos 1980, isto é, algumas décadas depois, quando foi lançado um novo desafio, desta vez como uma reação ao predomínio do positivismo. Entretanto, o novo debate (positivismo *versus* pós-positivismo) assumiu novos termos e elevou o grau de abstração das discussões, dando origem a uma série de novas perspectivas teóricas, as quais, por sua vez, serão expostas nos Capítulos 3 e 4, quando se tratar daquilo que é chamado aqui de "expansão filosófica das RI".

Seguindo a estrutura dos "grandes debates", o terceiro deles é identificado na literatura como o "debate interparadigmático", formado pelas reações ao realismo a partir dos anos 1970. A partir do início da década seguinte, difundiu-se a autoimagem de um debate entre três visões de mundo alternativas e inconciliáveis (realismo, liberalismo e globalismo), que equivalia à própria disciplina de RI. O conceito de "paradigmas" em vez de "teorias" explica-se pela utilização da concepção filosófica da ciência elaborada por Thomas S. Kuhn[3], na obra *A estrutura das revoluções científicas*. Para ele, as diferentes ciências evoluem a partir ou em torno de paradigmas, que são as unidades fundamentais para a análise do desenvolvimento científico em determinada área do conhecimento. Cada paradigma pode ser definido como um conjunto de premissas fundamentais, leis gerais de comportamento do objeto estudado, valores e métodos de investigação, o qual é compartilhado por aqueles que participam de determinada comunidade acadêmica. Apesar de Kuhn haver se limitado a filosofar sobre as ciências naturais, tornou-se usual a sua aplicação às ciências sociais, como foi o caso das RI nos anos 1980.

De acordo com essa representação, nenhuma delas era dominante, o que justificava a adoção da ideia de que essas três visões de mundo coexistiam na disciplina, uma vez que os paradigmas são considerados incomensuráveis entre si, isto é, não existem meios "científicos" de resolver as divergências entre eles. O procedimento consistia em identificar, em cada um dos três paradigmas, uma série de características ("Quem são os atores principais das relações internacionais?"; "Quais são os principais processos que caracterizam essa realidade?"; "Quais são os principais temas a serem estudados?"; e assim por diante). O resultado era a construção de uma imagem triangular do campo teórico das RI. Naquele contexto, a disciplina de RI encontrava-se seriamente ameaçada pela fragmentação teórica, na percepção de muitos estudiosos que

3 KUHN, Thomas S. *A estrutura das revoluções científicas*. São Paulo: Perspectiva, 2000.

se sentiam desconfortáveis com a multiplicação das perspectivas teóricas. A imagem de um debate interparadigmático surgiu como uma espécie de solução de compromisso para preservar, ao mesmo tempo, a coerência disciplinar e a diversidade teórica gerada pelas reações de liberais e globalistas ao predomínio do pensamento realista.

Finalmente, verifica-se que há algumas versões do que seria o "quarto grande debate", ocorrido a partir das duas últimas décadas do século XX. Nesse sentido, trabalha-se aqui a noção de que existem, de fato, alguns debates contemporâneos. No início dos anos 1990, por exemplo, certa visão das RI considerava o debate entre neorrealistas e neoliberais "o debate contemporâneo". Para outros, principalmente no final daquela década, tal debate seria entre os racionalistas (resultado de convergências entre eles) e os construtivistas sociais. De acordo com a visão adotada na estrutura deste livro, o principal eixo adotado leva em consideração que esses debates ainda são muito restritos para descrever o "estado-da-arte" das RI no início do século XXI. A forma mais abrangente de descrever o que está em jogo nos debates atuais é pela oposição entre positivismo e pós-positivismo. As críticas realizadas à ortodoxia teórica representada pelos neorrealistas e neoliberais, sobretudo à suposta dominação dos primeiros ou, em uma interpretação próxima a essa, as críticas realizadas à dominação do positivismo científico, deram origem a um movimento aqui denominado "expansão filosófica da disciplina de RI". Em suma, um conjunto de novas abordagens passou a desafiar as formas tradicionais de se teorizar sobre as relações internacionais. Nesse sentido, o início do século XXI pode ser caracterizado pelos debates gerados por novos desafiantes, provenientes das mais variadas perspectivas teórico-filosóficas, entre outras a teoria crítica, o construtivismo social, as perspectivas de gênero, o pós-estruturalismo, o pós-modernismo e o pós-colonialismo. Com base na visão e nas perspectivas teóricas contemporâneas, analisadas de forma mais profunda nos dois últimos capítulos deste livro, pode-se dizer que a teoria das RI não é mais a mesma que conhecemos durante a maior parte de sua existência. Novas influências, provenientes da Filosofia ou de outras ciências sociais, permitem afirmar que o campo teórico da disciplina se expandiu significativamente para muito além dos limites conhecidos desde a sua fase de formação e durante a maior parte de seu desenvolvimento, no século XX.

Se, de um lado, a autoimagem de RI como uma sucessão de "grandes debates teóricos" é uma representação recorrente do desenvolvimento da disciplina, de outro o uso desse procedimento vem sendo criticado por algumas razões. A opção, neste livro, foi por utilizá-la como ponto de partida para uma apresentação panorâmica do campo, porém tratando de enriquecer a visão do leitor com uma apresentação detalhada das diferentes perspectivas teóricas nos próximos capítulos. Como já foi dito, convém apresentar algumas das críticas formuladas à exposição centrada em "grandes debates".

Em primeiro lugar, critica-se a própria existência dos "debates", se essa noção é definida como uma série de ideias contrapostas diretamente umas às outras. Muitas vezes, os defensores das diversas perspectivas não buscam enfrentar as outras visões ou correntes teóricas, mas simplesmente defender um modelo teórico ou uma interpretação particular das relações internacionais. Em defesa da imagem dos "debates", no entanto, pode-se argumentar que houve momentos nos quais os estudiosos procuraram, de fato, atacar as visões de outra(s) perspectiva(s) teórica(s). Também podemos reconhecer que a autoimagem utilizada aqui tem um valor enquanto ferramenta pedagógica, e, tendo feito esse esclarecimento, aprofundar o conhecimento de cada perspectiva teórica em sua evolução ao longo do tempo. É o que se procura fazer neste livro, nos Capítulos 2 a 4.

Uma segunda crítica afirma que, embora a exposição cronológica tenha um aspecto atraente e conveniente para a mente humana, a sucessão de debates produz uma imagem do processo de desenvolvimento teórico das RI como sendo mais exato do que realmente foi. Como afirmou Smith[4], a teoria internacional não se moveu de uma fase à outra como um automóvel que trocamos de marcha. A versão cronológica é considerada um tanto simplista, por apresentar uma ideia muito nítida e arrumada do desenvolvimento teórico, processo que, na realidade, é bem mais complexo e confuso. É importante ter consciência disso, mas a crítica não parece invalidar de todo a utilidade da organização, ainda que seja relativamente arbitrária, de décadas de tumulto teórico em uma visão mais compreensível das teorias surgidas ao longo do tempo.

Outra crítica alega que esse modo de apresentar a disciplina desconsidera as divergências internas existentes em cada período ou abordagem. Ao realçar aspectos comuns e encaixotar os teóricos em um número limitado de rótulos, a diversidade e a complexidade do pensamento de autores – ou mesmo de certas obras de determinado autor – são deixadas de lado. Como resultado, impõe-se aos eventos da disciplina e às principais obras e autores que a constituem uma lógica que está no olhar do observador, e não necessariamente na visão dos participantes dos supostos "grandes debates". Essa crítica aplica-se tanto à visão dos debates como à organização dos autores em "perspectivas" ou "correntes". Porém, como foi dito no início deste capítulo, qualquer forma de apresentação pressupõe determinado modo de organização do conteúdo, e isso se estende aos cursos dados em sala de aula ou a distância, de qualquer disciplina que compõe uma estrutura curricular. A simplificação da realidade acadêmica é obtida à custa das nuances e dos detalhes, o que se deve obter mediante o processo contínuo de pesquisa e aprendizado. Afinal, estamos apenas começando nossos estudos, não é verdade?

Uma última crítica dirige-se ao aspecto seletivo dessas apresentações. A exposição centrada em "grandes debates" seria omissa com relação a diversas vozes, que são silenciadas. Considerando os quatro debates resumidos neste capítulo, onde entrariam as questões de gênero, ou as perspectivas pós-coloniais, para considerarmos dois exemplos de exclusão? Devemos reconhecer que existem exclusões em qualquer modo de apresentação, mas, de outro lado, talvez o problema possa ser corrigido por meio da apresentação mais abrangente das

4 SMITH, 1995, p. 16.

perspectivas teóricas, procurando incluir, mais do que excluir, e dar voz em vez de silenciar. No entanto, certamente é ilusão pensar que um livro ou um curso de TRI (ou de qualquer outro assunto acadêmico) pode contar toda a história do campo ou incluir toda a variada produção teórica que caracteriza qualquer área de conhecimento social. Feitas essas críticas, passaremos à apresentação mais detalhada das principais perspectivas tradicionais (no Capítulo 2) e das chamadas novas abordagens da TRI (nos Capítulos 3 e 4). Os textos indicados no final deste breve capítulo permitem conhecer um pouco mais da imagem persistente de uma sequência de grandes debates. Os próximos capítulos não estão estruturados a partir dessa imagem, mas sim das inspirações e do desenvolvimento de cada uma das perspectivas (realismo político, internacionalismo liberal, globalismo, teoria crítica, construtivismo social, pós-estruturalismo, pós-modernismo, perspectivas de gênero e pós-colonialismo). Trata-se de uma apresentação bastante abrangente de cada uma delas, mesmo que sua versão relativamente enxuta sugira ao estudante que ele deverá aprofundar seus conhecimentos consultando a literatura indicada ao longo do texto e ao final de cada capítulo.

Questões para discussão

1. Qual é o significado da multidisciplinaridade das RI? Em sua opinião, tal elemento é positivo ou constitui uma dificuldade adicional para o desenvolvimento desse campo de estudos?
2. Considerando que as reflexões sobre o que chamamos de "relações internacionais" são tão antigas quanto modernas, qual é a importância de estudar as contribuições dos filósofos precursores das RI?
3. Quais foram os principais fatores históricos que impulsionaram o estudo sistemático das RI no século XX? Qual foi o papel desse contexto para as tendências teóricas do período entreguerras?
4. O que é uma "autoimagem" disciplinar e qual é a importância de analisá-la com olhar crítico?
5. Quais eram as principais posições envolvidas em cada um dos "grandes debates teóricos" das RI? Reflita e discuta sobre as diferenças entre esses debates, em termos das principais questões e características de cada um.

Para saber mais

BULL, Hedley. International theory: a case for a classical approach. *World Politics*, v. 18, n. 3, 1996.

INTERNATIONAL RELATIONS. sobre o revisionismo histórico do "primeiro grande debate (v. 16, n. 1), publicado pela SAGE Publications em 2002". (Edição especial do periódico).

KAPLAN, Morton. The new great debate: traditionalism vs. science in International Relations. *World Politics*, v. 19, n. 1, 1966.

KUHN, Thomas S. *A estrutura das revoluções científicas*. São Paulo: Perspectiva, 2000.

LAPID, Yosef. The third debate: on the prospects of international theory in a post-positivist era. *International Studies Quarterly*, v. 33, n. 2, 1989.

ROCHA, Antônio Jorge da. *Relações Internacionais* – teorias e agendas. Brasília: IBRI, 2002.

SMITH, Steve. The self-image of a discipline: a genealogy of international relations theory. In: BOOTH, Ken; SMITH, Steve (ed.). *International Relations Theory Today*. Pennsylvania: The Penn State University, 1995.

SODUPE, Kepa. El estado actual de las Relaciones Internacionales como ciência social: crisis o pluralismo paradigmático? *Revista de Estudios Constitucionales*, n. 75, 1992.

WÆVER, Ole. The rise and fall of the inter-paradigm debate. In: SMITH, Steve; BOOTH, Ken; ZALEWSKI, Marysia (ed.). *International theory:* positivism and beyond. Cambridge: Cambridge University Press, 1996.

Capítulo 2

O desenvolvimento da disciplina e as perspectivas teóricas tradicionais

Este capítulo apresenta as perspectivas teóricas hoje consideradas tradicionais na disciplina de RI. Cada uma das seções a seguir destina-se a apresentar uma amostra daquilo que é essencial para o aprendizado sobre o realismo político, o internacionalismo liberal e o globalismo.

Como se verá, existem vertentes internas em cada uma dessas tradições teóricas. A primeira seção do capítulo (Seção 2.1) começa identificando alguns precursores que inspiraram o realismo político do século XX e, depois, trata das contribuições essenciais dessa abordagem teórica: o item 2.1.1 apresenta os principais autores do realismo clássico; o item 2.1.2 fala sobre o realismo estrutural (ou neorrealismo); e, por fim, o item 2.2.3 discute as principais tendências e reformulações do realismo após o final da Guerra Fria (realismo estrutural defensivo, realismo estrutural ofensivo e realismo neoclássico). De modo semelhante, a Seção 2.2 começa identificando as principais formas do internacionalismo liberal, seus princípios essenciais e os elementos comuns dessa perspectiva. Em seguida, são apresentadas as principais vertentes liberais desenvolvidas ao longo dos últimos cem anos, respeitando, em alguma medida, o seu aparecimento cronológico: o item 2.2.1 discute desde o liberalismo do período entreguerras até as teorias do funcionalismo e do neofuncionalismo, difundidas durante após a Segunda Guerra Mundial; no item 2.2.2 foram reunidos os teóricos da interdependência complexa, o institucionalismo neoliberal e a teoria da paz democrática; e, finalmente, no item 2.2.3 são apresentadas algumas das tendências contemporâneas desenvolvidas na última década do século XX. Por fim, a seção sobre o globalismo também é dividida em três partes, cada uma delas apresentando uma vertente particular: no item 2.3.1, são abordadas desde as antigas reflexões das teorias do imperialismo até as críticas contemporâneas da globalização; depois, no item 2.3.2 são apresentadas as contribuições das teorias da dependência, sob forte influência de autores latino-americanos; e, por fim, no item 2.3.3 são apresentadas as contribuições da teoria do sistema-mundo.

2.1 Realismo político

No estudo contemporâneo das RI, o realismo político surgiu como uma vertente crítica ao pensamento liberal do entreguerras, afirmando-se desde então como a visão de mundo dominante entre acadêmicos e tomadores de decisão. Apesar das diferentes formulações realistas, é possível reconhecer premissas, conceitos e argumentos comuns. Além de ser considerada a perspectiva dominante, o realismo esteve envolvido em cada um dos principais debates dentro da disciplina de RI desde a Segunda Guerra Mundial. Ao mesmo tempo, também tem sido o principal alvo de críticas, tanto das perspectivas teóricas tradicionais, apresentadas no restante deste capítulo, como das novas perspectivas inspiradas pelo movimento pós-positivista, que serão apresentadas nos Capítulos 3 e 4. A insistência em criticar o realismo pode ser interpretada como uma forma de reforçar a centralidade dessa abordagem, a qual tem demonstrado, ao longo do tempo, enorme capacidade de adaptação diante das críticas. Isso é visto por seus defensores como uma demonstração de força dessa perspectiva, embora, muitas vezes, as mudanças incessantes também sejam objeto de críticas.

Apesar das diferenças entre os realistas, eles alegam fazer parte de uma tradição de pensamento político com alguns pressupostos comuns. Essa herança realista inclui filósofos da

Grécia Antiga, em especial o relato histórico de Tucídides[1] (*História da Guerra do Peloponeso*, do século V a.C.), ou mesmo de pensadores não ocidentais, como Sun Tzu[2] (*A arte da guerra*, do século VI a.C.) ou Kautilya[3] (*Arthashastra*, do século IV a.C.). As fontes mais próximas, segundo os próprios realistas, seriam filósofos políticos como Nicolau Maquiavel[4] (*O príncipe*, século XVI) e Thomas Hobbes[5] (*Leviatã*, século XVII), aos quais vale acrescentar a contribuição mais recente do estrategista militar Carl von Clausewitz[6] (*Da guerra*, século XIX). Ainda que as interpretações de seus precursores sejam frequentemente contestadas, vale a pena resumir as contribuições resgatadas pelos autores realistas do século XX, pois assim é possível conhecer alguns elementos centrais dessa visão de mundo.

A história do conflito entre Atenas e Esparta, ocorrido entre os anos 431 e 404 a.C., foi não apenas descrita mas também analisada por Tucídides, que apresentou como razão fundamental para a guerra o crescimento do poder ateniense e o medo que essa mudança nas relações de poder gerou em Esparta. Entre outros conceitos que influenciaram o pensamento realista, destacam-se a natureza egoísta dos interesses das cidades-estado, a importância da balança (ou equilíbrio) de poder e das alianças militares nesse contexto e, finalmente, a predominância do poder sobre a moral, expressa na citação do conhecido "Diálogo dos Mélios": "O justo, nas discussões entre os homens, só prevalece quando os interesses de ambos os lados são compatíveis, e os fortes exercem o poder e os fracos se submetem".[7] Os pensadores antigos não ocidentais mais citados pelos realistas são o estrategista militar chinês Sun Tzu e o estadista e filósofo hindú Kautilya. O primeiro escreveu um tratado sobre temas ligados à guerra, considerada por ele "uma questão vital para o Estado", analisando detalhadamente assuntos como planejamento, questões materiais, variáveis sociais e psicológicas, entre outros aspectos estratégicos e táticos desse tema central para a tradição realista. Quanto a Kautilyia, embora tenha sido escrita no século IV a.C., sua obra *Arthashastra*, guia prático para a organização e a administração da máquina estatal, foi redescoberta apenas no século XX. Seu pensamento é citado pelos realistas como uma fonte antiga da preocupação atemporal com a sobrevivência, a ampliação do Estado e os princípios associados ao sistema de balança de poder.

As principais fontes de inspiração do realismo, entretanto, são encontradas em pensadores europeus, como Nicolau Maquiavel (1469-1527), Thomas Hobbes (1588-1679) e Carl von Clausewitz (1780-1831). O primeiro viveu em Florença, entre o final do século XV e o

1 TUCÍDIDES. *História da Guerra do Peloponeso*. Brasília: UnB/IPRI, 2002.

2 SUN TZU. *A Arte da Guerra*. São Paulo: Martins Fontes, 2002.

3 KAUTILYA. *Arthashastra*. Brasilia: Editora Universidade de Brasília, 1994.

4 MAQUIAVEL, Nicolau. *O Príncipe*. São Paulo: Penguin Classics/Companhia das Letras, 2010.

5 HOBBES, Thomas. *Leviatã*. São Paulo: Martins Fontes, 2003.

6 CLAUSEWITZ, Carl von. *Da Guerra*. São Paulo: Martins Fontes, 1996.

7 TUCÍDIDES, 2002, p. 282.

início do século XVI, época em que escreveu sobre temas caros ao realismo, como o poder, a balança de poder, a formação de alianças entre as cidades-estado da Península Itálica e as causas dos conflitos recorrentes entre elas. Os realistas ressaltam sua visão pessimista da natureza humana, ponto de partida para a discussão sobre a relevância do poder para deter as ameaças à segurança nacional, que podem colocar em risco a própria sobrevivência do Estado. Por fim, também é importante a preocupação de Maquiavel em analisar "o mundo como ele é", não como "deveria ser", assim como sua defesa da inaplicabilidade dos padrões morais individuais à condução do Estado, guiada por objetivos políticos e pelo uso de quaisquer meios disponíveis para preservar seus interesses e manter a segurança.

O inglês Thomas Hobbes também pressupõe uma visão pessimista da natureza humana. O filósofo defende a necessidade de um contrato social em torno de um Estado civil, representado pela alegoria bíblica do *Leviatã*, dotado de autoridade para controlar os apetites humanos sem restrições e os conflitos que resultam da impossibilidade de satisfazer aos interesses de todos. Sem um governo central forte – Hobbes foi defensor da soberania absoluta –, prevalece o caos ou a guerra civil, expressa no lema "guerra de todos contra todos", base para a difundida imagem de um "estado de natureza". Para os realistas, nas relações entre os Estados prevalece o princípio da soberania, isto é, o sistema internacional é anárquico, pois não há qualquer governo acima das unidades soberanas que o compõem. Assim, essas relações podem ser descritas como um verdadeiro "estado de natureza". Na ausência de algo como um contrato social entre os Estados, não há ordem possível, prevalecendo entre eles a desconfiança mútua, a insegurança e, especialmente, a recorrência do fenômeno da guerra.

Em seu livro *Da guerra*, o general prussiano Klaus von Clausewitz criticou as noções de batalha e estratégia utilizadas por estrategistas anteriores, redefiniu a relevância política do uso ou ameaça de uso da força e concedeu centralidade à preocupação com a segurança nacional. A guerra é definida por Clausewitz como "um ato de violência para compelir o inimigo a fazer a nossa vontade". Para ele, trata-se de um elemento fundamental da existência humana e de um dos instrumentos necessários da política; é sempre citada a frase em que ele legitima a guerra como "a continuação da política por outros meios". Para Clausewitz, os Estados são soberanos e o aumento do poder nacional em detrimento dos demais é um dos objetivos de todos eles. Os interesses nacionais estão sempre em conflito, salvo coincidências efêmeras e incidentais. E, sendo os conflitos de interesses tipicamente resolvidos pela imposição violenta da vontade de um Estado, a guerra é vista como uma fase normal das relações interestatais. Os autores realistas do século XX aproveitam sua concepção da guerra como um instrumento racional para a busca do interesse nacional, a ser perseguido não apenas pelo poder militar – que ele defende ser submetido ao controle civil, entretanto –, mas por um esforço de toda a sociedade, que deve se mobilizar em torno do objetivo militar.

Para o realismo político, as relações entre unidades políticas independentes – no mundo moderno, entre os Estados nacionais – não se modificaram ao longo do tempo. Mesmo quando há mudanças nas relações internacionais, elas ocorrem dentro de padrões repetitivos. Assim, baseando-se na experiência histórica das cidades-estado da Grécia Antiga ou da Península Itálica na Renascença, ou do sistema de Estados europeu, formado entre os séculos XVII e XIX, o realismo do século XX buscou elaborar um conjunto de proposições teóricas atemporais. Os principais autores realistas do último século estão organizados em três partes. A seguir, o item 2.1.1 apresenta os principais autores do chamado "realismo clássico", que predominaram nas primeiras décadas após o fim da Segunda Guerra Mundial. Depois, o item 2.1.2 expõe as reformulações do realismo em novas bases cientifícas, elaboradas a partir do final da década de 1970, sob o rótulo de "realismo estrutural" (ou "neorrealismo"). Finalmente, a última parte (item 2.1.3) apresenta tendências e debates teóricos contemporâneos de que fazem parte uma nova geração de autores realistas, os quais se tornaram conhecidos desde o final da Guerra Fria.

2.1.1 O realismo clássico

A crítica de Edward Carr ao que ele considerava o fracasso das propostas do idealismo liberal e ao alegado esquecimento da importância do poder nas relações internacionais foi fundamental para a afirmação do realismo político. O livro *Vinte anos de crise*[8] é uma interpretação sofisticada do período especialmente conturbado do entreguerras e foi importante também para as bases da disciplina que se tornaria conhecida como Relações Internacionais. No entanto, apesar de utilizar conceitos e argumentos realistas, a obra de Carr não apresenta uma teoria sistemática das relações entre os Estados, como será proposto por autores que o sucederam no período do pós-guerra. Além disso, o autor explora as contradições entre as duas tradições que ele identifica no pensamento político da época analisada, para então se posicionar em favor de uma difícil síntese de utopia e realismo. Apesar de o historiador defender que a política internacional é sempre uma política de poder, seu realismo não é totalmente despido de preocupações normativas, ao contrário do que ocorrerá com as versões predominantes dessa perspectiva teórica nas décadas seguintes.

No final dos anos 1940, outro livro daria o mais importante impulso para a disciplina nos Estados Unidos e, em particular, para o realismo: *A política entre as nações: a luta pelo poder e pela paz*, de Hans J. Morgenthau[9], cujo objetivo explícito era formular "uma teoria realista da política internacional". Nesse livro, Morgenthau apresenta conceitos e argumentos realistas dentro de uma abordagem inspirada por uma visão de teoria como um sistema de hipóteses gerais e passíveis de verificação empírica. Para ele, existem "leis objetivas da política", o que torna possível o desenvolvimento de uma teoria racional capaz de refletir as leis gerais da política entre as nações. Uma teoria deve submeter-se ao teste empírico e pragmático, trazendo

8 CARR, Edward H. *Vinte anos de crise (1919-1939)*: uma introdução ao estudo das Relações Internacionais. Brasília: UnB/IPRI, 2002.

9 MORGENTHAU, Hans J. *A política entre as nações*: a luta pelo poder e pela paz. Brasília: UnB/IPRI, 2003.

"ordem e sentido para uma massa de fenômenos que, sem ela, permaneceriam desconexos e incompreensíveis",[10] em vez de ser testada em função de critérios apriorísticos e abstratos ou de determinado conceito desligados da realidade.

Apesar da abordagem científica diferente da elaborada por Carr, Morgenthau defende uma postura praticamente idêntica no sentido de que o realismo é um corretivo necessário para os equívocos do idealismo aplicado à política entre as nações. O conceito de "interesse nacional", definido em termos de poder, fornece a ligação entre a razão (orientada para compreender o comportamento dos Estados) e os fatos (a própria política internacional, que se pretende compreender), introduzindo uma ordem racional no domínio da política. Uma teoria da política externa que aspire à racionalidade deve centrar-se na importância da luta interestatal pelo poder, abstraindo-se de elementos como motivos, preferências, qualidades intelectuais e morais dos estadistas, ideologias, pressões populares, entre outros fatores que Morgenthau considera irracionais.

O autor atém-se à visão realista, presente em outros autores que o precederam, de que as relações interestatais são caracterizadas pela incessante luta pelo poder. Ele inicia a obra mencionada identificando seus famosos "seis princípios do realismo político":[11] a política é governada por leis objetivas enraizadas na natureza humana; o principal marco da teoria realista é o conceito de "interesse" definido em termos de poder; esse conceito não tem conteúdo fixo, mas conteúdo variável ao longo da história; as ações políticas e os imperativos morais estão em permanente tensão; não há identificação entre as aspirações morais de um país e qualquer noção de moralidade universal; e, por fim, existe uma autonomia da esfera política.

Ao contrário de outras vertentes do realismo político, Morgenthau não acredita que haja um corte ontológico fundamental entre a política no interior do Estado e a política internacional. Para ele, "a política interna e a política internacional nada mais são do que duas manifestações diferentes do mesmo fenômeno: a luta pelo poder", havendo entre elas uma diferença de grau, mas não de qualidade. A natureza da política é sempre a mesma, isto é, a luta pelo poder, a qual se revela por meio de três tipos ou padrões de políticas: (i) política de conservação do poder ou manutenção da distribuição do poder em um dado momento da história, denominada "política do *status quo*"; (ii) política de expansão do poder ou modificação das relações de poder existentes, que ele denomina "política de imperialismo"; e (iii) política de demonstração de poder, por meio da diplomacia ou da exibição de força militar, denominada pelo autor como "política de prestígio" e usada como um fim em si mesma ou como um suporte a qualquer dos padrões descritos nos itens (i) e (ii). Esses padrões de atividade adquirem significado especial, entretanto, na política internacional, isso ocorre na medida em que uma multiplicidade de Estados dotados de soberania eleva cada um deles à condição de suprema

10 MORGENTHAU, 2003, p. 3.

11 MORGENTHAU, 2003, p. 4-28.

autoridade política e moral, tornando o conflito de interesses entre eles inevitável e a guerra um elemento constitutivo da política entre as nações.

Por que os Estados agem como agem na política internacional? De um lado, isso decorre da visão profundamente pessimista de Morgenthau sobre a natureza humana. Para ele, o "homem político" é uma criatura egoísta e caracterizada pelo insaciável desejo de poder, pela vontade de dominar os outros. De outro lado, Morgenthau atribui um peso importante à condição estrutural do sistema internacional. A imutável natureza humana autointeressada, quando posta diante de uma estrutura anárquica, resulta na busca estatal pela maximização do poder, que se torna um meio para a busca dos interesses nacionais e, simultaneamente, um fim em si mesmo. Apesar do ponto de partida enraizado em uma visão pessimista da natureza humana, Morgenthau impõe às políticas externas uma lógica sistêmica, pois as fontes da política externa são encontradas na situação em que os Estados encontram-se no sistema internacional.

Sendo o sistema internacional anárquico, existem limitações às políticas de poder dos Estados individuais, sendo a "balança de poder" (ou "equilíbrio de poder") a mais importante delas: "a aspiração de poder por parte de várias nações, em que cada uma delas tenta manter ou alterar o *status quo*, leva necessariamente a uma configuração que é chamada de equilíbrio de poder, bem como a políticas que se destinam a preservar esse equilíbrio".[12] Como um realista, Morgenthau escreveu longas reflexões sobre a futilidade de outros mecanismos de limitação ao poder, como a moralidade internacional, a opinião pública mundial e o direito internacional. Assim, o conceito de "balança de poder" constitui a explicação fundamental dos comportamentos estatais e decorre de dois fatores que estão na base da política internacional: a multiplicidade de Estados soberanos e o antagonismo representado pela luta do poder, a qual pode ser travada segundo o padrão de "oposição direta" ou de "competição de dois Estados por um terceiro".

Além disso, o autor identifica e discute a lógica de quatro métodos por meio dos quais os Estados põem em prática a balança ou equilíbrio de poder: (i) "dividir para governar" (isto é, dividir os adversários ou mantê-los divididos, evitando que eles combinem suas forças para igualar ou superar as próprias forças); (ii) "compensações" (ofertas territoriais ou de outra natureza, baseadas na lógica de que ninguém concede vantagens políticas sem a expectativa de obter benefício proporcional em troca); (iii) "aquisição de armamentos" (principal método para manter ou restabelecer o equilíbrio de poder, que gera a corrida armamentista e torna o próprio equilíbrio dinâmico e instável); e (iv) "alianças" (a mais importante manifestação do equilíbrio de poder, que consiste em adicionar ao próprio poder o de outras nações ou em subtrair do adversário o poder de outras nações). Morgenthau observa que o sistema de equilíbrio possui duas variações, podendo ser representado pela metáfora de uma balança de dois pratos, "em cada um dos quais se encontram a nação ou nações identificadas com a

12 MORGENTHAU, 2003, p. 321.

mesma política, do *status quo* ou do imperialismo, conforme o caso",[13] ou representado por uma balança com a adição de um terceiro elemento, denominado "mantenedor do equilíbrio" ou "balanceador", que não se identifica permanentemente com a política de qualquer nação ou aliança, cumprindo o objetivo estrito de manter o equilíbrio de poder, independentemente das políticas concretas às quais serve a balança.

Diferentemente de outras versões posteriores do realismo, Morgenthau adota uma postura matizada quanto à significação moral da ação política. Ele reconhece, no quarto princípio citado anteriormente, a existência de "uma tensão inevitável entre o mandamento moral e as exigências de uma ação política de êxito".[14] Porém, em uma posição que pode ser considerada intermediária, entre a tentativa de síntese entre utopia e realismo de Carr e a desconsideração das questões morais no realismo estrutural de Kenneth Waltz[15], Morgenthau sustenta que a prudência, definida como "a avaliação das consequências políticas da ação aparentemente moral", é a virtude suprema da ação política. Uma atitude realista consiste em filtrar os princípios morais de acordo com as circunstâncias concretas de tempo e lugar, fazendo com que as alternativas de ação sejam julgadas pela ética política, isto é, tendo em vista as suas consequências em vez de uma ética universal abstrata.

Nascido na Alemanha, Morgenthau migrou para os Estados Unidos durante a Segunda Guerra e tornou-se o mais importante teórico das RI de sua geração, como é amplamente reconhecido. Ao seu lado figuram nomes como os dos também imigrantes alemães Georg Schwarzenberger, que viveu na Grã-Bretanha, John Herz e Henry Kissinger, que viveram nos Estados Unidos – Kissinger chegou a ser Secretário de Estado dos Estados Unidos nos anos 1970 –, assim como os nomes de teóricos nascidos na América do Norte, como Reinhold Niebuhr e George Kennan. Mas nenhum deles produziu um livro com tanta repercussão como *A política entre as nações*,[16] que se firmou como o realismo *standard* até o final dos anos 1970, quando surgiu o realismo estrutural de Kenneth Waltz. Para terminar o realismo clássico, convém apresentar as contribuições de dois realistas da geração de estudiosos do imediato pós-guerra: o recém-mencionado John Herz[17] e o francês Raymond Aron.[18]

Herz é conhecido principalmente pela elaboração do conceito de "dilema de segurança", condição inerente a qualquer sociedade anárquica. Essa situação não existe apenas entre os Estados; ela também pode ser identificada entre indivíduos, grupos ou seus líderes. O mais

---

13 MORGENTHAU, 2003, p. 366.

14 MORGENTHAU, 2003, p. 20.

15 WALTZ, Kenneth. *Theory of International Politics*. Reading: Addison-Wesley, 1979.

16 MORGENTHAU, 2003.

17 HERZ, John. *Political realism and political idealism:* a study in theories and realities. Chicago: University of Chicago Press, 1951.

18 ARON, Raymond. *Paz e guerra entre as nações*. Brasília: UnB/IPRI, 2002.

importante é a lógica gerada a partir da anarquia, pois, em tal situação, todos devem se preocupar com sua segurança diante do risco de ser "atacado, submetido, dominado ou aniquilado pelos outros grupos ou indivíduos".[19] Ao lutarem para atingir a segurança, eles são levados a adquirir mais e mais poder para escapar do impacto do poder dos outros, produzindo mais insegurança nesses outros e compelindo-os a preparar-se para o pior: "uma vez que ninguém pode jamais sentir-se inteiramente seguro neste mundo de unidades concorrentes", o resultado é uma interminável competição pelo poder, que produz um "círculo vicioso" de busca de segurança e acúmulo de poder. As relações internacionais caracterizam-se pelo dilema de segurança, fazendo com que os Estados envolvam-se em uma corrida armamentista, dentro da qual cada um deles busca tornar-se mais seguro, sem jamais atingir a segurança diante dos demais. Portanto, o dilema de segurança decorre da própria condição anárquica em que se encontram os Estados em suas relações mútuas. A questão não é se a natureza humana é pacífica e cooperativa ou se é dominadora e agressiva, pois não se trata de uma condição biológica ou antropológica, mas sim de uma realidade ou um constrangimento social. Além de se opor às concepções metafísicas da natureza humana para justificar a importância dos "fatores de poder", ele conclui que a anarquia não impossibilita a cooperação, que é outro fato fundamental da vida social: "mesmo a cooperação e a solidariedade tendem a tornar-se elementos da situação de conflito", forçando os Estados a buscar a consolidação e o fortalecimento de grupos particulares (isto é, alianças) para competir com outros grupos.

Em seu livro,[20] Herz considera que as duas reações à condição descrita pelo dilema de segurança, isto é, o "realismo político" e o "idealismo político", não são atitudes mutuamente excludentes, mas complementares. O autor denomina "realista liberal" a posição defendida por ele. Isso significa que, por um lado, é preciso reconhecer as limitações empíricas das propostas idealistas, mas, por outro, é preciso buscar superá-las, colocando em prática políticas externas guiadas por uma ética transformadora, sem as quais é impossível construir uma ordem mundial mais justa e mais humana. Apesar de sua convicção de que o compromisso com um projeto de transformação da realidade deveria estar condicionado por preocupações ligadas ao poder e à segurança, Herz tornou-se um crítico das políticas de *status quo*, quando elas, de alguma maneira, colaboravam para a manutenção de situações injustas. O autor apresenta exemplos históricos de movimentos pela democracia, pelo nacionalismo e pelo internacionalismo para demonstrar que, se por um lado houve projetos idealistas que enfrentaram problemas ligados aos fatores de poder, por outro lado os ideais também fazem parte da realidade histórica e política. Sem o reconhecimento da importância dos ideais, qualquer filosofia política resultaria em inação, letargia e desespero.

19 HERZ, 1951, p. 157.

20 HERZ, 1951.

O teórico Raymond Aron também é associado à perspectiva do realismo clássico. Autor de uma obra bastante variada e rica, o sociólogo francês produziu um importante esforço de síntese na obra *Paz e Guerra entre as Nações*,[21] publicada originalmente em 1962, na qual figuram como principais inspirações Hobbes e Clausewitz. Para ele, a distinção fundamental, para uma visão realista das RI, é a que diferencia as relações políticas "domésticas" e as "internacionais". Apesar de reconhecer as dificuldades de definição do objeto de estudo próprio dessa disciplina universitária, em sua visão "as relações internacionais são relações entre unidades políticas, conceito que abrange as cidades gregas, o Império Romano e o Egípcio tanto quanto as monarquias europeias, as repúblicas burguesas e as democracias populares"[22], sendo que, em virtude da existência de pluralidade de centros de poder armado, trata-se de "relações entre unidades políticas que reivindicam o direito de fazer justiça e de escolher entre a paz e a guerra".[23] O empenho do autor consiste em formular conhecimento baseado na história, base para a construção da teoria internacional.

O centro das relações internacionais, portanto, está situado nas relações interestatais. Para simbolizar os canais por meio dos quais se manifestam essas relações, Aron utiliza a imagem de dois personagens: o diplomata e o soldado. Cada um deles age não somente como membro de determinada coletividade, mas como legítimos representantes das inúmeras unidades políticas a que pertencem: "o diplomata, no exercício de suas funções, é a unidade política em nome da qual fala", enquanto, "no campo de batalha, o soldado é a unidade política em nome da qual mata o seu semelhante".[24] Como dito anteriormente, as relações entre os Estados implicam fundamentalmente a guerra e a paz, sendo o primeiro de tais fenômenos o caráter distintivo dessas relações, as quais, diferentemente de todas as demais relações sociais, "desenrolam-se à sombra da guerra". Por isso, ao tratar da diplomacia, Aron afirma que seu papel é "pensar na paz, a despeito do fragor dos combates, e não esquecer a guerra quando as armas silenciarem". Por fim, cabe destacar que o autor utiliza os conceitos de "diplomacia", para referir-se à "condução do intercâmbio com outras unidades políticas" ou "arte de convencer sem usar a força", e de "estratégia", isto é, "o comportamento relacionado com o conjunto das operações militares" ou "a arte de vencer de um modo mais direto".[25] Trata-se de mera distinção teórica, pois são duas faces da mesma moeda. O diplomata sempre deixa a porta aberta para o soldado, enquanto o bom militar sempre deixa a porta aberta para o exercício da diplomacia. A própria distinção feita entre a diplomacia e a guerra é relativa, pois se trata de duas atividades voltadas para o mesmo objetivo: o interesse nacional.

21 ARON, 2002.

22 ARON, 2002, p. 51 (grifo no original).

23 ARON, 2002, p. 55.

24 ARON, 2002, p. 52 (grifo no original).

25 ARON, 2002, p. 72-73.

No final dos anos 1970, surgiu uma nova versão do realismo, intitulada por Kenneth Waltz, seu autor, como "realismo estrutural" (ou neorrealismo). Antes disso, na obra *O homem, o estado e a guerra: uma análise teórica*,[26] com base em uma ampla revisão do pensamento político ocidental, Waltz organizou os estudiosos das causas da guerra em três grupos, de acordo com sua atribuição à natureza humana, à natureza do Estado ou à anarquia do sistema internacional, concedendo prevalência ao último nível e considerando-a a causa permissiva da guerra. Nos anos 1950, entretanto, Waltz ainda não estava influenciado pela abordagem cientificista. Nas décadas seguintes, o realismo clássico passou a ser desafiado em pelo menos duas frentes principais: por um lado, havia o desafio das novas metodologias behavioristas e quantitativas, e, por outro, com a importância crescente dos temas econômicos, muitos colocavam em xeque a centralidade dos Estados. A elaboração do realismo estrutural, no final dos anos 1970, revisou as bases epistemológicas do realismo clássico e deu nova vida à tradição teórica das RI, como será visto a seguir.

2.1.2 O realismo estrutural

Em 1979, Kenneth Waltz publicou *Theory of International Politics*,[27] reformulação do realismo influenciada pelo impacto do desafio behaviorista nas RI. Nessa obra, o teórico apresenta o realismo estrutural (ou neorrealismo) em um modelo hipotético-dedutivo inspirado na teoria microeconômica. Nas últimas três décadas, provavelmente nenhuma obra causou tanto impacto na disciplina como esse livro, que se tornou o novo standard realista, diminuindo a influência do realismo clássico, e também provocou reações críticas de outras correntes teóricas e epistemológicas, as quais redefiniriam completamente os rumos da disciplina. O realismo estrutural apresenta duas diferenças principais em relação às vertentes realistas precedentes: em primeiro lugar, Waltz argumenta que as premissas do realismo são válidas para a construção de uma teoria da política internacional, mas que é preciso reelaborá-las dentro de um esquema teórico capaz de fornecer explicações e previsões que sejam ao mesmo tempo gerais, úteis e parcimoniosas; em segundo lugar, o autor defende a elaboração de uma teoria sistêmica da política internacional, abstraindo de seu modelo as características associadas às unidades do sistema (os Estados) – como os tipos de líderes políticos, instituições econômicas e sociais ou compromissos ideológicos –, assim como as variáveis associadas às suas interações.

No plano epistemológico, Waltz defende que uma teoria deve pressupor uma esfera limitada da realidade, ou domínio de atividade, a partir da qual é construído um quadro mental voltado para explicar os padrões existentes no presente e formular previsões sobre seu desenvolvimento futuro. Uma teoria é sempre uma abstração da realidade, a qual deve ser julgada de acordo com o teste empírico das hipóteses produzidas pelo modelo. Assim, primeiro é preciso identificar um conjunto de premissas para então "ligar conceitos teóricos

26 WALTZ, Kenneth. *O homem, o estado e a guerra:* uma análise teórica. São Paulo: Martins Fontes, 2004.

27 WALTZ, 1979.

com algumas variáveis de forma a conseguir explicações a partir das quais podem ser inferidas e testadas hipóteses".[28] Em resumo, o teórico adota um modelo hipotético-dedutivo, dentro do qual as teorias são definidas como "conjuntos de proposições que explicam leis", em vez da crença de certos modelos epistemológicos que tomam as teorias como edifícios de verdades construídas indutivamente.

O propósito principal do livro é apresentar uma teoria sistêmica da política internacional. Para isso, Waltz aceita inicialmente a divisão dos níveis de análise tradicionais das RI, identificados por David Singer no início dos anos 1960: os Estados nacionais e o sistema de Estados.[29] Para Waltz, existem dois tipos de teorias, conforme o nível de análise privilegiado para a identificação das causas dos fenômenos estudados: "as teorias da política internacional que concentrem as causas no nível individual ou nacional são reducionistas; as teorias que concebem as causas como operando também ao nível internacional são sistêmicas".[30] Waltz dá preferência às teorias sistêmicas, em detrimento das teorias reducionistas, que ele considera inadequadas para demonstrar "como a política internacional pode ser concebida como um domínio distinto do econômico, social, e outros domínios internacionais que se pode conceber".[31] As teorias sistêmicas explicam por que as diferentes unidades comportam-se de modo similar, enquanto as teorias reducionistas tentam explicar por que as diferentes unidades comportam-se de modo diferente. Apenas as teorias sistêmicas são capazes de explicar as regularidades ou leis que existem na política internacional.

O sistema internacional apresenta independência causal em relação aos Estados que o constituem. Uma teoria sistêmica propõe uma diferenciação clara entre a estrutura, de um lado, e as unidades e processos, de outro. Nesse sentido, o sistema é definido como um conjunto de unidades que interagem sob uma estrutura, ou, em suas palavras, "um sistema é composto por uma estrutura e por unidades em interação".[32] Como apontaram os críticos, Waltz deixou de distinguir claramente os conceitos de "estrutura" e de "sistema", usando os dois de modo permutável (por exemplo, Barry Buzan).[33] Por enquanto, é importante compreender que, para Waltz, o sistema/estrutura não se reduz à soma das partes que o constituem, adquirindo efeitos sobre as unidades, a partir de sua forma particular de organização.

O conceito de "estrutura" possui um lugar central em sua obra, pois sua intenção é apresentar uma versão estrutural do realismo. Mais precisamente, o conceito de "estrutura" é definido por três elementos (o princípio de organização das partes; a diferenciação das unidades

28 WALTZ, 1979, p. 17.

29 SINGER, David. The level-of-analysis problem in International Relations. *World Politics*, v. 14, n. 1, 1961.

30 WALTZ, 1979, p. 18.

31 WALTZ, 1979, p. 79.

32 WALTZ, 1979, p. 79.

33 BUZAN, Barry. The Level-of-Analysis Problem in International Relations Reconsidered. In: BOOTH, Ken; SMITH, Steve (ed.). *International Relations Theory Today*. Pennsylvania: The Penn State University, 1995.

e especificação de suas funções; e a distribuição das capacidades materiais entre as unidades). Com relação ao princípio de organização, os sistemas políticos internos são estruturados em torno do princípio da hierarquia/centralização, enquanto os sistemas políticos internacionais possuem uma estrutura anárquica/descentralizada. Quanto ao segundo elemento, enquanto na política doméstica as unidades do sistema são diferenciadas a partir de relações de superioridade e de subordinação, as quais especificam suas funções diversas, na política internacional as unidades que compõem esse sistema não são formalmente diferenciadas em termos de funções – elas são semelhantes, e há entre elas relações de coordenação. Waltz conclui que esse segundo termo, que compõe o conceito de "estrutura" em geral, "não é necessário para definir a estrutura política internacional, porque, enquanto a anarquia durar, os Estados permanecem unidades semelhantes".[34] Por fim, o terceiro elemento da estrutura está presente tanto nos sistemas domésticos como no internacional, pois as unidades diferenciam-se em termos da distribuição das amplitudes de suas capacidades. Aqui entra a importância central atribuída ao tema do "poder", conforme a tradição realista, porém visto de uma perspectiva sistêmica. No sistema internacional, "o poder é estimado pela comparação das capacidades de certo número de unidades", ou seja, o poder deve ser definido em termos relativos. Mas o autor faz questão de ressaltar que, "embora as capacidades sejam atributos das unidades, a distribuição das capacidades entre as várias unidades não o é", ou seja, "a distribuição das capacidades não é um atributo de uma unidade circunscrita, mas um conceito do sistema alargado".[35]

É com base na definição da estrutura em três partes que o realismo de Waltz lida com o tema da mudança. Em primeiro lugar, pode haver uma mudança de sistema, quando um princípio ordenador é substituído pelo outro. No caso do sistema político internacional, o princípio da anarquia é considerado uma constante, devido ao apego dos Estados à soberania e ao mecanismo da balança de poder. Em segundo lugar, se o sistema internacional é anárquico, não há de se falar em diferenciação funcional entre os Estados, elemento irrelevante para qualquer discussão sobre a mudança estrutural. Por fim, resta o único capaz de explicar as mudanças no interior do sistema anárquico, como resume o autor: "as estruturas internacionais variam apenas através de uma mudança no princípio organizador ou, na falta disso, através de variações na [distribuição das] capacidades das unidades".[36] No primeiro caso, ocorreria uma mudança de sistema, enquanto no último haveria uma mudança no interior do sistema. Ou seja, as mudanças ocorrem apenas em termos de distribuição de poder (unipolar, bipolar ou multipolar), conforme o número de grandes potências que caracterizam a polaridade do sistema internacional em um dado momento.

34 WALTZ, 1979, p. 93.

35 WALTZ, 1979, p. 98.

36 WALTZ, 1979, p. 93.

A estrutura constrange os Estados a adotar determinados comportamentos, limitando e orientando suas ações por meio de recompensas e penalizações: "dizer que 'a estrutura seleciona' significa simplesmente que aqueles que se ajustam às práticas mais aceitas e mais bem-sucedidas sobem mais frequentemente ao topo e são os que mais provavelmente aí se manterão".[37] Seu modelo teórico enfatiza os efeitos persistentes da estrutura (ou sistema) sobre as partes que o compõem, explicando as recorrências e repetições dentro de um sistema dado. Além disso, Waltz aponta a existência de dois mecanismos pelos quais a estrutura constrange os comportamentos dos Estados, limitando suas escolhas: competição (os Estados calculam como agir para obter as maiores vantagens, e aqueles que não exibem tal comportamento são excluídos do sistema) e socialização (estabelecimento de padrões de comportamento aceitáveis, sendo os Estados marginalizados ou sancionados caso escolham seguir outros padrões de comportamento).

Poucos anos depois, outro teórico tornou-se conhecido como representante do realismo estrutural: Robert Gilpin.[38] O autor também utiliza conceitos da teoria microeconômica e da escolha racional, mas está preocupado principalmente com o tema da mudança, abordado através de uma teoria cíclica. Em seu trabalho, destacam-se o fenômeno da ascensão e queda das potências hegemônicas e as transformações recorrentes na política mundial. Ao contrário de Waltz, que mobilizou os conceitos centrais do realismo para explicar as continuidades do sistema, Gilpin buscou unir as ideias de guerra hegemônica e de mudança no plano internacional. Sua versão estrutural do realismo é conhecida também pela expressão "realismo da ascensão e queda".

No modelo teórico de Gilpin, são concebidos três tipos de mudança: (i) "mudança de sistemas", na qual ocorre uma transformação na própria natureza dos atores ou entidades que compõem um dado sistema internacional (por exemplo, transições entre sistemas de cidades-estados, de impérios, de Estados europeus medievais, de modernos Estados-Nação etc.); (ii) "mudança sistêmica", na qual é modificada a forma predominante de controle ou governança de um sistema internacional (por exemplo, transições na distribuição internacional do poder, na hierarquia de prestígio ou nas regras e direitos de um sistema internacional particular, as quais costumam ocorrer simultaneamente); (iii) "mudança na interação", quando se transformam as interações ou processos regulares entre as entidades do sistema internacional existente, que não envolvem transições na distribuição do poder e do prestígio, mas costumam ocorrer mudanças nas regras e direitos de determinado sistema. O modelo realista estrutural de Gilpin pretende explicar as dinâmicas que levaram às mudanças de sistemas e às mudanças sistêmicas, isto é, aos tipos (i) e (ii), discutindo as mudanças na interação apenas quando elas são relevantes para a compreensão daqueles dois tipos principais.

---

37 WALTZ, 1979, p. 92.

38 GILPIN, Robert. *War and Change in World Politics*. Cambridge: Cambridge University Press, 1981.

As relações internacionais modernas são vistas pelo autor como uma luta permanente pelo poder político e econômico, pois o sistema distribui os benefícios em favor daqueles que são mais poderosos. Assim, os Estados modernos têm três objetivos principais: conquistar novos territórios, aumentar sua influência sobre o comportamento de outros Estados e controlar (ou pelo menos exercer influência sobre) a economia mundial ou divisão internacional do trabalho, objetivo que teve importância crescente nos últimos séculos. Além disso, Gilpin alega que, em razão de desenvolvimentos internos e internacionais, ocorrem diferenças nas taxas de crescimento dos Estados e, encontrando-se em ascensão ou queda uns em relação aos outros, o resultado dessa dinâmica é a recorrência dos conflitos. Assim, um sistema em estado de equilíbrio passa por uma redistribuição do poder, o que ocasiona o desequilíbrio do próprio sistema, isto é, uma crise que, em geral, é resolvida por meio de guerra, de acordo com os cálculos racionais – seja do Estado em ascensão, que provoca uma "guerra de desafio", seja do Estado em declínio, que realiza uma "guerra preventiva".

Desde meados dos anos 1970, quando publicou *US Power and the Multinational Corporation*,[39] Gilpin já defendia a tese de que a existência de uma ordem estável depende de um poder hegemônico que a sustente. Apesar do sucesso de seus dois livros, o final pacífico da Guerra Fria surpreendeu o modelo teórico defendido pelo autor no livro *War and Change in World Politics*,[40] pois, para ele, "ainda que [...] o ajuste pacífico do desequilíbrio sistêmico seja possível, o principal mecanismo de mudança através da história tem sido a guerra, ou o que podemos chamar de guerra hegemônica (isto é, uma guerra que determina que Estado, ou grupo de Estados, será dominante e governará o sistema)".[41] A partir do início dos anos 1990, uma nova geração de realistas assumiria a tarefa de fazer a crítica e/ou correções de rumos dessas versões do neorrealismo, mantendo assim a vitalidade e a centralidade do realismo político nas discussões contemporâneas da teoria das RI, como será visto a seguir.

2.1.3 Novas perspectivas e debates contemporâneos: realismo defensivo, ofensivo e neoclássico

Apesar das divergências entre as três novas vertentes teóricas apresentadas aqui, elas mantêm a coerência em torno de premissas fundamentais do realismo, em particular a concepção das relações interestatais como uma interminável sucessão de guerras e conquistas e a ideia de que os comportamentos dos Estados são guiados, ao menos teoricamente, pela escolha racional, a partir de determinados interesses ou preferências. A diversidade entre as novas

39 GILPIN, Robert. *US Power and the Multinational Corporation:* The Political Economy of Direct Foreign Investment. New York: Basic Books, 1975.

40 GILPIN, 1981.

41 GILPIN, 1981, p. 15.

perspectivas explica-se, em grande medida, pelas divergências que elas têm sobre quais são as fontes das preferências e comportamentos estatais.

A distinção entre realistas estruturais defensivos e realistas estruturais ofensivos apareceu pela primeira vez no trabalho de Jack Snyder[42] e, desde então, foi amplamente difundida – os primeiros já foram chamados de "estrutural-otimistas" (ou "contingentes") e os segundos de "estrutural-pessimistas" (ou "agressivos"). O argumento central do realismo defensivo sustenta que, embora na anarquia os Estados preocupem-se, de fato, com a própria segurança e com a distribuição das capacidades materiais entre as principais potências – o que torna esses autores realistas, antes de tudo –, a lógica de comportamento desses atores, seja quando buscam aumentar o próprio poder, seja quando formam alianças para contrabalançar poder, é guiada pelo objetivo primordial de defender-se das ameaças. A prescrição dos realistas defensivos é resumida pela expressão "os Estados devem acumular apenas um montante apropriado de poder", pois o comportamento mais racional é buscar poder e alianças suficientes para manter a própria segurança, em vez de buscar sempre mais poder e influência, estratégia que não é considerada racional. Fatores como as tecnologias disponíveis e as variáveis geográficas tornam extremamente difícil empreender guerras de conquista ou de submissão de outras potências. Sendo assim, a balança entre expandir o poder e manter o *status quo* tende a favorecer a segunda alternativa.

Em conjunto, pode-se dizer que os realistas defensivos têm analisado outras condições para que, mesmo persistindo a anarquia internacional, "possa haver variação significativa na atratividade dos meios cooperativos ou competitivos, nos prospectos para se atingir um alto nível de segurança e na probabilidade da guerra".[43] As consequências previstas pelo dilema de segurança, como a corrida armamentista e o insegurança gerada pela espiral da desconfiança e da rivalidade, não são uma constante, apesar da persistência da anarquia. Glaser afirma que "a forte propensão geral dos adversários a competir não é uma consequência lógica inevitável do realismo estrutural", e que, dadas certas condições, "os adversários podem melhor atingir seus objetivos de segurança por meio de políticas cooperativas".[44] Assim, é viável sustentar uma visão ao mesmo tempo realista e otimista sobre as possibilidades de cooperação sob anarquia, pois a cooperação pode ser vista como a forma mais eficiente de autoajuda. Uma lista dos principais autores hoje associados ao realismo defensivo inclui nomes como Robert Jervis, Charles Glaser, Stephen van Evera, Stephen Walt, Jack Snyder, Barry Posen, Chaim Kaufmann e

42 SNYDER, Jack. *Myths of Empire:* Domestic Politics and International Ambition. Ithaca: Cornell University Press, 1991.

43 GLASER, Charles L. *The security dilemma revisited.* World Politics, n. 50, p. 171, 1997.

44 GLASER, Charles L. Realists as optimists: cooperation as self-help. *International Security*, n. 19. p. 51, 1994/95.

o próprio Waltz, que, em alguns trabalhos mais recentes, terminou por convergir com alguns argumentos dessa vertente realista.

Em resumo, os realistas defensivos argumentam que, apesar de a anarquia gerar constrangimentos importantes para os comportamentos dos Estados, há muito mais espaço para a segurança e a estabilidade no sistema do que pressupõem as visões realistas mais pessimistas. Mesmo em um mundo no qual todos os Estados buscam racionalmente garantir a própria segurança, ela pode ser garantida sem um acúmulo inesgotável de poder ofensivo. Nesse sentido, Stephen van Evera analisa as causas da guerra para argumentar que uma fonte fundamental da insegurança na Europa, desde a era medieval, tem sido a falsa crença de que a segurança é escassa. Ele conclui que "a principal ameaça à segurança das grandes potências modernas são elas mesmas", isto é, "a maior ameaça reside na sua própria tendência de exagerar os perigos que enfrentam, respondendo a eles com uma beligerância contraproducente".[45] A proposta dos realistas defensivos tem sido guiada pela determinação de demonstrar, por meio de argumentações e estudos de caso, quais são os fatores que permitem minimizar os constrangimentos que levam os Estados a enredar-se na corrida armamentista, acumulando mais e mais poder ofensivo e gerando maior insegurança para todos.

Os realistas ofensivos, de outro lado, argumentam que os Estados continuam vivendo "à sombra da guerra", uma vez que não há garantias de que outros deixarão de lado as pretensões de conquistá-los ou subjugá-los no futuro. No início do século XXI, foi publicada a obra de John Mearsheimer, *The Tragedy of Great Power Politics*,[46] cuja versão do realismo ofensivo já vinha sendo aplicada sistematicamente em seus principais artigos anteriores.[47] Desde então, o livro consolidou-se como um novo candidato a standard realista, e não parece precipitado afirmar que se trata da obra mais importante dessa perspectiva, desde a publicação do livro de Waltz. Situando-se em oposição ao realismo estrutural de Waltz, denominada por Mearsheimer como defensivo, o autor propõe uma teoria ofensiva bastante mais complexa e mais detalhada do que a que o antecedeu.

Mesmo sendo maiores as dificuldades criadas por tecnologias nucleares, distâncias geográficas, ou mesmo maior consolidação das alianças internacionais, os Estados continuam vivendo na incerteza gerada sob a condição anárquica do sistema internacional. Em tais condições, não parece racional a prescrição feita pelos realistas defensivos de que os Estados devem buscar apenas "um montante apropriado de poder". Ao contrário, os realistas ofensivos

45 VAN EVERA, Stephen. *Offense, defense and the causes of war. International Security*, v. 22, n. 4, p. 43, 1998.

46 MEARSHEIMER, John. *The Tragedy of Great Power Politics*. New York: WW. Norton, 2001.

47 MEARSHEIMER, John. Back to the future: instability in Europe after the Cold War. *International Security*, n. 15, 1990; MEARSHEIMER, John. The false promise of international institutions. *International Security*, n. 19, 1994/95; MEARSHEIMER, John. A realist reply. *International security*, n. 20, 1995.

defendem que a garantia da segurança requer que as grandes potências acumulem tanto poder relativo diante de outros Estados quanto possível. Para Mearsheimer, é equivocado afirmar que a competição pela segurança e a possibilidade de guerra entre as grandes potências tenham sido expelidas do sistema internacional com o fim da Guerra Fria.

O autor apresenta cinco premissas assumidas por seu modelo teórico: (i) "o sistema internacional é anárquico", no sentido de um princípio de ordenação baseado em Estados soberanos, isto é, "não há um governo sobre os governos"; (ii) "as grandes potências possuem, inerentemente, alguma capacidade militar ofensiva", tornando-as capazes de causar danos e até destruir umas às outras; (iii) as relações interestatais são marcadas pela incerteza, isto é, "os Estados nunca podem estar certos das intenções dos demais"; (iv) "a sobrevivência é o principal objetivo das grandes potências", que buscam manter a integridade territorial e a autonomia de sua ordem política doméstica; e (v) "as grandes potências são atores racionais", o que significa que elas possuem consciência sobre o ambiente no qual interagem estrategicamente e prestam atenção tanto às consequências de longo prazo como às consequências imediatas de seus comportamentos e dos comportamentos e estratégias dos outros Estados.[48]

O comportamento característico de uma grande potência é a "maximização do poder". Para Mearsheimer, não existe tal coisa como uma potência que busque manter o *status quo*, pois qualquer potência que tenha uma vantagem significativa de poder sobre seus rivais provavelmente se comportará mais agressivamente, porque tem capacidade para tal, bem como incentivos para agir assim. Afinal, o autor sustenta que "as grandes potências quase sempre têm intenções revisionistas e usarão a força para alterar a balança de poder, caso acreditem que isso pode ser feito a um preço razoável".[49] A única exceção seria um ocasional *hegemon*, "um Estado que é tão poderoso que domina todos os outros Estados no sistema",[50] o qual se tornaria a única grande potência do sistema e, assim, poderia vir a ser um defensor da distribuição de poder existente (isto é, do *status quo*). Porém, como uma hegemonia global é considerada quase impossível, por razões apresentadas a seguir, "o mundo está condenado a uma perpétua competição das grandes potências".

As grandes potências têm como principal objetivo maximizar sua participação no poder mundial, eventualmente estabelecendo uma hegemonia. Contudo, a hegemonia global é praticamente inviável – exceto por uma superioridade nuclear implausível, é virtualmente impossível para qualquer Estado atingir essa condição. O principal impedimento, segundo Mearsheimer, é a dificuldade de qualquer grande potência de projetar seu poder através dos oceanos até o território de uma potência rival. Ele utiliza os conceitos de "poder bloqueador da água", e, consequentemente, reconhece o que denomina "primado do poderio terrestre"

48 MEARSHEIMER, 2001, p. 30-32.

49 MEARSHEIMER, 2001, p. 2.

50 MEARSHEIMER, 2001, p. 40.

no mundo moderno. O autor analisa quatro tipos de poder (naval, aéreo, terrestre e nuclear) e conclui que, além de a força terrestre ser o instrumento militar decisivo, nada suporta a tese de que as armas nucleares tenham tornado obsoleta a guerra de grandes potências. Essa hipótese continua sendo uma possibilidade real, embora o equilíbrio nuclear interesse pouco para a determinação do poder relativo: "mesmo em um mundo nuclear, os exércitos e as forças aéreas e navais que os apóiam são os ingredientes fundamentais do poder militar".[51]

Nenhuma potência jamais alcançou a hegemonia global, nem mesmo a Grã-Bretanha, durante o século XIX, ou os Estados Unidos, desde o princípio do século XX. O que Mearsheimer admite é a aplicação do conceito de "hegemonia" a regiões particulares, como a Europa, o Nordeste Asiático ou o Hemisfério Ocidental. Assim, ele distingue os conceitos de "hegemon global" (que domina o mundo) e "hegemon regional" (que domina determinada área geográfica). Sendo inviável a hegemonia global, a segunda melhor opção para qualquer grande potência é buscar a hegemonia regional, condição que, segundo Mearsheimer, somente os Estados Unidos já lograram alcançar ao longo da história moderna, embora outros Estados tenham travado grandes guerras na tentativa de alcançá-la. É o caso do Japão imperial no Nordeste Asiático, da França de Napoleão, da Alemanha de Guilherme e da Alemanha nazista na Europa, ou da União Soviética, também na Europa e no Nordeste Asiático.

As duas principais estratégias das grandes potências, em busca do estabelecimento de hegemonia regional, são (i) buscar ganhos de poder em relação às demais e (ii) conter ganhos de poder relativo por parte dos outros Estados. Boa parte da obra de Mearsheimer é dedicada a analisar as ações específicas que os Estados realizam para atingir essas duas amplas estratégias de política externa, assim como suas respectivas eficiências em termos de custos e benefícios: guerrear (*war*), chantagear (*blackmail*), atiçar conflitos entre terceiros (*bait and bleed*), deixar um competidor sangrar em um conflito (*bloodletting*), equilibrar poder (*balancing*) e delegar a responsabilidade de contenção para um terceiro (buck-passing). Ao mesmo tempo, o autor descarta as estratégias que não são racionais para as grandes potências, as quais os Estados evitam: o apaziguamento (*appeasement*) e o seguimento do mais forte (*bandwagoning*). Apesar da sua visão ofensiva do realismo, para esse teórico os Estados são atores racionais sofisticados, e não agressores descontrolados. Eles escolhem cuidadosamente a ação e o momento mais adequados para implementá-la, e essa escolha é feita de acordo com duas variáveis independentes e distintas: a distribuição de poder (isto é, a polaridade do sistema) e a localização geográfica do Estado.

Por fim, o autor concebe uma tipologia de grandes potências, cujas previsões de comportamento dependem de onde o Estado está situado, na medida em que os oceanos são fatores que dificultam a projeção do poder estatal: (i) uma "grande potência continental", definida como um Estado localizado em uma grande porção de terra também ocupada por pelo

51 MEARSHEIMER, 2001, p. 84.

menos mais uma potência, tentará estabelecer uma hegemonia regional ou, se isso não for possível, maximizar seu poder relativo; (ii) uma "grande potência insular", isto é, a única potência em uma ampla porção de terra circundada por água, buscará equilibrar o poder em vez de tentar estabelecer uma hegemonia regional, agindo como um equilibrador externo (*offshore balancer*) e intervindo apenas se uma potência continental estiver próxima de atingir primazia; e, por fim, (iii) um "hegemon regional", na medida em que domina determinada região, buscará defender a distribuição de poder em sua região e agirá, ao mesmo tempo, de modo a impedir que outras potências se tornem hegemons em suas respectivas regiões, pois poderiam tornar-se competidores pelo predomínio mundial, objetivo que não deixa de estar no seu horizonte de intenções, pois um Estado buscará sempre maximizar sua participação no poder mundial.

A terceira vertente contemporânea que merece destaque é denominada, em geral, "realismo neoclássico". Na expressão de Jack Snyder,[52] esses realistas buscam responder aos "excessos antirreducionistas do neorrealismo", incorporando os fatores domésticos que explicam os diversos interesses e comportamentos adotados pelas potências. Os autores mais citados dessa vertente são Fareed Zakaria, Thomas Christensen, Randall Schweller, William Wohlforth, Aaron Friedberg e o próprio Snyder. Eles aceitam o ponto de partida estrutural, mas acreditam que os fatores domésticos funcionam como "correias de transmissão", na expressão de Schweller, situando-se entre, de um lado, os incentivos da anarquia e da distribuição das capacidades materiais no sistema internacional, e, de outro, as respostas específicas e diferenciadas que os Estados dão aos constrangimentos estruturais. Em termos epistemológicos, eles mantêm a crença na necessidade de modelos teóricos abstratos e parcimoniosos, ao mesmo tempo que procuram fazer avançar seus argumentos adicionando, em seus estudos de caso, variáveis situadas no nível das unidades do sistema. Em outras palavras, os fatores domésticos são considerados variáveis intervenientes nos processos de formação das preferências dos Estados e realização de suas políticas externas.

Enquanto a teoria neorrealista propôs-se a apresentar uma abordagem sistêmica da política internacional, baseada em um pequeno número de premissas gerais sobre os constrangimentos estruturais e as motivações dos Estados, os realistas neoclássicos alegam que é preciso desenvolver teorias e análises que conciliem os fatores sistêmicos e domésticos na explicação dos comportamentos estatais. Sem levar em conta a combinação desses fatores, muito do que ocorre na política internacional fica sem explicação. O impacto das mudanças na distribuição do poder sobre a política externa ocorre de modo indireto e complexo, uma vez que as pressões sistêmicas precisam ser processadas no nível das unidades do sistema, isto é, pelos Estados. As decisões são adotadas por líderes e elites políticas de carne e osso, que atuam no interior de instituições concretas, com base em percepções sobre os constrangimentos sistêmicos atuais e futuros. Do ponto de vista metodológico, os realistas neoclássicos têm

52 SNYDER, 1991.

preferido elaborar estudos de caso teoricamente informados, de modo a fazer justiça à complexidade das mediações que as variáveis domésticas exercem sobre as relações internacionais. Um desafio importante que essa variante do realismo enfrenta é identificar fatores que tenham importância não apenas para se compreender os casos específicos, mas que também possam servir de base teórica para outras investigações, ou seja, sugerir padrões generalizáveis, como aqueles contidos em outras formulações teóricas realistas. Os realistas neoclássicos enfatizam principalmente duas categorias de variáveis domésticas: as capacidades do Estado diante da própria sociedade nacional e as percepções dos tomadores de decisão, através das quais são filtradas as pressões sistêmicas.

Para Gideon Rose,[53] o realismo neoclássico diferencia-se das vertentes defensiva e ofensiva por três características principais. Em primeiro lugar, a visão do sistema internacional é diferente daquela carregada pelos realistas defensivos, na qual as implicações da anarquia são variáveis, mas também da visão dos realistas ofensivos, para quem o caráter de "estado de natureza" produz constrangimentos muito poderosos sobre os Estados. Para os neoclássicos, a realidade internacional é turva, e os tomadores de decisão produzem interpretações baseadas em informações incompletas e evidências problemáticas. Em segundo lugar, os Estados são mais diferenciados do que supõem os realistas ofensivos, porém são menos diferenciados do que acreditam os defensivos, situando-se entre esses dois extremos. As características dos diversos Estados importam, ao contrário do que sustentam os primeiros, mas também as percepções sobre as ameaças dependem da posição relativa no sistema, o que os defensivos têm dificuldade de incorporar a seu modelo. E, por fim, a lógica da explicação dos comportamentos estatais também é diferenciada. Para os realistas defensivos, os incentivos sistêmicos (em especial o dilema de segurança) produzem determinada reação "natural" dos Estados, mas as percepções sobre a balança ataque-defesa e sobre a natureza dos armamentos, principalmente, permitem superar aquela situação, enquanto para os realistas ofensivos as políticas externas resultam diretamente dos incentivos sistêmicos. Pelo realismo neoclássico, os fatores sistêmicos e domésticos não são dois conjuntos de variáveis independentes entre si, mas estão encadeados logicamente, sendo os últimos variáveis que intervêm de modo decisivo nos incentivos propiciados pelas mudanças na distribuição das capacidades materiais.

Vale a pena apresentar dois exemplos de estudos de caso conduzidos nessa vertente argumentativa: o de Fareed Zakaria[54] e o de Randall Schweller,[55] que estão entre os mais conhecidos autores contemporâneos do realismo político. De acordo com Zakaria, o ponto de

53 ROSE, Gideon. Review: neoclassical realism and theories of foreign policy. *World Politics*, n. 51, 1998.

54 ZAKARIA, Fareed. *From Wealth to Power:* The Unusual Origins of America's World Role. Princeton, NJ: Princeton University Press, 1998.

55 SCHWELLER, Randall. *Unanswered Threats:* Political Constraints on the Balance of Power. Princeton, NJ: Princeton University Press, 2006.

partida deve ser a análise dos fatores estruturais, pois a característica generalizável mais importante de um Estado nas relações internacionais é sua posição relativa no sistema internacional. Se uma análise realista ignora a situação de um dado Estado nesse sistema, ela corre o risco de atribuir relevância causal a outros fatores que são mais visíveis, mas podem ser meros reflexos da distribuição das capacidades materiais. Para o autor, no entanto, os interesses do Estado não devem ser definidos meramente em termos de maximização das capacidades materiais ou da própria segurança. Em vez disso, ele assume que o principal interesse dos Estados é aumentar o controle e a influência sobre o meio internacional; na medida em que as capacidades materiais de um Estado aumentarem, ele procurará aumentar a sua influência internacional. Do mesmo modo, se o poder relativo de um Estado decair, então, mais cedo ou mais tarde, sua política externa também refletirá essa mudança. Em seu livro[56], Zakaria argumenta que o modo como os Estados buscam traduzir o aumento das capacidades materiais – riqueza, então poder militar – depende de dinâmicas próprias da política doméstica. Mais precisamente, o autor diferencia os conceitos de "poder estatal" e "poder nacional", alegando que o que importa, na política internacional, é o poder que o governo de determinado Estado tem de extrair uma porção do poder da nação como um todo para seu propósito de aumentar a influência internacional. Portanto, a variável-chave para explicar a conversão de um aumento do poder relativo em políticas expansivas é a habilidade dos governos, isto é, da estrutura do Estado para extrair os recursos da sociedade em prol do objetivo adotado como premissa teórica pelo autor.

Para concluir, vale mencionar brevemente a contribuição de Schweller, outro dos mais notáveis realistas que enfatizam as fontes domésticas das preferências e comportamentos dos Estados. Em seu livro, o teórico argumenta que "os complexos processos políticos domésticos atuam como 'correias de transmissão' que canalizam, mediam e (re)direcionam as políticas resultantes em resposta às forças externas (principalmente mudanças no poder relativo)".[57] Na medida em que os diferentes Estados são caracterizados por estruturas domésticas e situações políticas peculiares, por essa lógica eles frequentemente reagirão de forma diversa, mesmo que pressões e oportunidades sistêmicas sejam semelhantes. Além disso, Schweller argumenta que "suas respostas podem ser mais ou menos motivadas pelos fatores do nível sistêmico do que pelos domésticos". Para o autor, numa análise histórica, é por isso que os Estados, muitas vezes, falham em realizar as políticas de equilíbrio de poder quando elas seriam necessárias para deter a ascensão de outras potências, isto é, os Estados "subequilibram" (*underbalance*): quanto maior a fragmentação interna, menor a expectativa de respostas adequadas às ameaças em um dado momento. Segundo Schweller, isso se explica pelo fato de os líderes de um Estado fragmentado serem mais avessos ao risco do que aqueles que decidem em um Estado internamente mais coeso. O problema principal, portanto, está na premissa realista de que os

56 ZAKARIA, 1998.

57 SCHWELLER, 2006, p. 6.

Estados são atores coerentes. Analisando os casos da França e da Grã-Bretanha no período entre guerras, ele argumenta que a teoria tradicional da balança de poder necessita incorporar seu argumento sobre coerência/fragmentação, o que significaria transformá-la em uma teoria mais ampla do equilíbrio e do subequilíbrio de poder.[58]

2.2 Internacionalismo liberal

As teorias reunidas nesta seção projetam o pensamento liberal e seus princípios ao âmbito internacional, tendo influenciado a disciplina de RI desde sua formação, no início do século XX. Os autores identificados com o "internacionalismo liberal" inspiram-se nos valores e argumentos defendidos por inúmeros filósofos, a começar pelo individualismo liberal de John Locke (1632-1704) e pela concepção de uma sociedade de Estados de Hugo Grotius (1583-1654), ambos do século XVII. Mas foi a partir dos séculos XVIII e XIX que as raízes do liberalismo começaram a ganhar maior consistência teórica e ampla difusão social, à medida que as ideias dos filósofos iluministas, como Immanuel Kant (1724-1804), e economistas clássicos, como Adam Smith (1723-1790) e David Ricardo (1772-1823), também adquiriam maior influência sobre a vida política e econômica, principalmente das sociedades europeias. Entre os principais representantes do liberalismo devem ser incluídos também os nomes de Charles de Montesquieu (1689-1755), Jeremy Bentham (1738-1842), John Stuart Mill (1806-1873) e Richard Cobden (1804-1865), além dos autores dos *Federalist Papers* que impulsionaram a formação dos Estados Unidos: Alexander Hamilton (1757-1804), James Madison (1751-1836) e John Jay (1745-1829). A lista de precursores é muito extensa, quase inesgotável. Não existe outra saída senão selecionar aqueles que são considerados mais influentes, identificando em seus conceitos e formas de pensar as principais inspirações para os teóricos liberais das RI.

Como dito anteriormente, a própria origem da disciplina foi marcada pelo domínio do pensamento e das propostas políticas liberais. Desde então, pode-se falar em três formas principais de liberalismo nas RI, cada qual representando uma forma característica de argumentar em favor de uma transformação das relações internacionais, tornando-as menos conflituosas ou mais cooperativas e pacíficas. A primeira é conhecida como "liberalismo republicano" e sustenta que a multiplicação de formas democráticas de governo favorece a criação de uma zona de paz entre elas. A segunda linha de argumentação é chamada de "liberalismo comercial", cujo raciocínio postula uma vinculação direta entre o aumento da interdependência econômico-comercial e a diminuição dos incentivos para a ocorrência de guerras. Por fim, o "liberalismo regulatório" defende a necessidade de ampliação do escopo e da eficiência das instituições internacionais, de modo a promover o bem-estar coletivo e reduzir os conflitos resultantes de interesses divergentes. Em qualquer uma de suas formas, a preocupação do liberalismo é

58 SCHWELLER, 2006.

sempre com a transformação das relações internacionais, adaptando-as aos modelos de paz, liberdade e prosperidade, supostamente vigentes no interior das sociedades liberais nacionais.

Muitas vezes, os diferentes argumentos ou vertentes liberais encontram-se combinados em um mesmo autor ou teoria, como é o caso, por exemplo, do liberalismo internacional de Woodrow Wilson, no início do século XX, ou da vertente mais recente da teoria paz democrática de Michael Doyle. Apesar da diversidade interna à tradição liberal, entretanto, é possível identificar alguns elementos comuns que conformam o núcleo conceitual e os valores fundamentais dessa tradição. Esta seção começa por identificar os principais precursores do liberalismo e os elementos comuns dessa perspectiva sobre as relações internacionais, para depois apresentar as principais vertentes desenvolvidas ao longo do último século, em suas três subseções.

As raízes liberais podem ser traçadas principalmente a partir do pensamento de John Locke, que, no século XVII, formulou as bases do individualismo liberal, representado por um Estado/governo formado por indivíduos livres e baseado na prevalência do direito e na defesa da propriedade privada. Locke é um dos principais defensores da doutrina contratualista, cujas origens remontam à filosofia grega, mas que adquiriu importância teórica e política no pensamento liberal moderno. Nessa visão, o Estado resulta de um acordo tacitamente estabelecido por cidadãos livres e autônomos, significando que tanto o fundamento como o propósito da ordem política e social é a liberdade individual, em detrimento das formas de autocracia ou dos excessos de ingerência estatal na vida social. A influência do filósofo também está presente na visão liberal de que os governos legítimos possuem direitos diante dos demais membros da sociedade internacional. De acordo com Locke, assim como os *Founding Fathers* norte-americanos (Hamilton, Madison e May), os governos são instituídos entre pessoas livres para realizar seus direitos básicos. Apenas os governos legítimos possuem direitos, inclusive o de ir à guerra para resguardar os direitos de seus cidadãos. No entanto, as justificativas liberais para o recurso à guerra são distintas da visão baseada na razão de Estado, como ocorre na perspectiva realista, porque dentro da tradição liberal o próprio Estado justifica-se pela defesa dos direitos dos indivíduos que o compõem.

Outro representante da doutrina contratualista relevante para o estudo das relações internacionais é Hugo Grotius. Junto a outros juristas dos séculos XVI a XVIII, Grotius teve importância fundamental para o desenvolvimento das bases filosóficas do direito internacional. No tratado *Do Direito da Guerra e da Paz*[59], de 1625, escrito durante o conturbado período da Guerra dos Trinta Anos, Grotius desenvolve um sistema de princípios do "direito natural" cujas normas, segundo ele, vinculam todos os povos e nações. O autor discorre sobre duas ideias normativas fundamentais: (i) todos os seres humanos estão sujeitos ao direito natural, o qual lhes é revelado através de suas faculdades racionais e é independente de suas crenças religiosas;

59 GROTIUS, Hugo. *Do Direito da Guerra e da Paz*. Ijuí: Unijuí, 2004.

(ii) todos os soberanos estão sujeitos aos costumes e práticas do direito internacional positivo. Essas duas realidades jurídicas foram denominadas, respectivamente, "direito natural" e "direito das nações". Ainda que o primeiro tenha prioridade moral e imponha restrições ao direito estabelecido pela vontade dos Estados, o último é uma realidade política que deve ser levada em conta nas relações entre as unidades soberanas. Assim como ocorria com outros juristas de seu tempo, o problema fundamental era reconciliar o direito natural e o direito positivo, em casos de conflito entre suas normas. Em outras palavras, Grotius busca conciliar a sociedade humana universal, fundada no direito natural, e a sociedade de Estados, erigida a partir do direito internacional. Nessa obra, ele desenvolve uma teoria da "guerra justa" – em casos de autodefesa, reparação de injúrias e punição, é reconhecido o direito de ir à guerra, isto é, o *jus ad bellum* – e aborda a questão das normas que regulam a condução da guerra e compõem o chamado *jus in bellum*. Grotius tem influência não apenas sobre as perspectivas liberais das RI, mas também sobre os teóricos da Escola Inglesa (ou "teóricos da sociedade internacional") e os construtivistas sociais, tendo sido um dos responsáveis pela concepção da chamada "sociedade internacional", formulada a partir da noção de uma *res publica totius orbis* (isto é, "república de todo o mundo"), na expressão original do jurista espanhol Francisco de Vitória, que viveu cerca de um século antes dele.

Durante o século XVIII, difundiu-se a doutrina do livre-comércio, cujos principais representantes são Adam Smith e David Ricardo. O primeiro deles é considerado o "pai da economia moderna", e sua contribuição mais conhecida é expressa na ideia de que a busca do autointeresse por parte de todos produz um resultado social positivo, isto é, indivíduos e grupos que perseguem de modo egoísta e racional os próprios interesses podem gerar, nas organizações sociais modernas, um progresso contínuo e o aumento do bem-estar de todos. A filosofia moral e econômica de Smith teve influência política significativa durante todo o século XIX, no período de difusão da Revolução Industrial e da hegemonia britânica, assim como a teoria das vantagens comparativas de Ricardo, segundo a qual dois países podem se beneficiar do livre-comércio, mesmo que um dos parceiros seja menos eficiente na produção de todos os bens do que o outro. Paralelamente a esses desenvolvimentos, muito importantes para a teoria liberal do comércio internacional, desenvolveu-se entre os filósofos liberais a crença no vínculo entre o aprofundamento dos vínculos econômicos e a paz internacional. Para Montesquieu, "a paz é o efeito natural do comércio, [pois] duas nações que têm suas diferenças passam a depender uma da outra", sendo a união entre elas "baseada em suas necessidades recíprocas". Similarmente, como se verá, Kant sustentou que "a intensificação das trocas desenvolve o princípio da hospitalidade", enquanto Cobden, já citado anteriormente, defendia "o máximo de conexões econômicas entre as diversas sociedades e o mínimo possível de relações entre governos". Por esse raciocínio, o aprofundamento dos laços econômicos serve de desestímulo à guerra, seja pela existência de interesses materiais concretos, seja pela geração de vínculos morais entre aqueles que comungam dessas relações.

A primeira formulação sistemática do internacionalismo liberal é encontrada no Iluminismo europeu, ainda que suas raízes filosóficas possam ser vistas nas tradições judaico-cristãs. Nesse período, embora os principais pensadores liberais tenham se concentrado nas questões políticas domésticas, alguns temas internacionais também eram objeto de reflexão sistemática, como as condições internacionais favoráveis à política liberal dentro dos países e a questão da legitimidade da intervenção estrangeira para garantir as liberdades individuais ou os valores liberais. De modo geral, os liberais tendem a tratar as relações internacionais como uma função da política doméstica. Com base nisso, os filósofos da "Idade da Razão" identificaram determinado conjunto de práticas internacionais dos Estados, em especial a própria guerra, como uma espécie de pilares externos da ordem política hierárquica do Antigo Regime manifestada no plano doméstico. Nesse contexto, os liberais criticavam as práticas da diplomacia secreta, dos tratados de paz como meros armistícios temporários e, acima de tudo, com a prática da balança de poder. Todas elas deveriam ser substituídas pela combinação de governos republicanos, vínculos comerciais e império do direito. O primeiro filósofo a sustentar a ideia de que o republicanismo liberal deveria dar origem a um novo estado de paz internacional, por meio da conjugação desses três elementos, foi Immanuel Kant, na obra *Paz Perpétua*, de 1795[60].

Um dos principais filósofos iluministas, Kant escreveu sobre a viabilidade do estabelecimento de uma paz duradoura entre os Estados, os quais deveriam assumir uma forma republicana. Em sua visão, o Estado republicano deveria ser definido por três elementos fundamentais: a institucionalização da propriedade privada, a separação dos poderes legislativo, executivo e judiciário, e a responsividade política dos governos diante dos cidadãos. Bastante conhecido também por sua teoria do conhecimento e sua filosofia moral, Kant desenvolveu uma teoria política aplicável às relações internacionais. Assim como ocorre com Grotius, o pensamento kantiano não influenciou apenas os teóricos liberais – ele também tem muita influência entre os teóricos críticos que se preocupam com a relação entre a moralidade e a política. No entanto, para os teóricos liberais, suas principais contribuições estão na defesa de uma "federação de Repúblicas" e na concepção de indivíduo. Para Kant, a paz perpétua poderia ser alcançada após o preenchimento de três condições necessárias: (i) a paz mundial seria atingida gradualmente, à medida que todos os Estados adotassem a forma republicana; (ii) esses Estados regulariam suas interações inteiramente sob a égide do direito internacional, abolindo a guerra como instrumento de política externa; (iii) cada Estado deveria respeitar o direito universal dos indivíduos à hospitalidade, mesmo quando não pertencessem à sua nacionalidade. Como observa Michael Doyle,[61] um dos principais teóricos da paz democrática,

60 KANT, Immanuel. *A Paz Perpétua e Outros Opúsculos*. Lisboa: Ed. 70, 1988.

61 DOYLE, Michael. *Ways of War and Peace:* Realism, Liberalism, and Socialism. New York: WW Norton, 1997.

a concepção kantiana de uma federação pacífica de repúblicas (*foedus pacificum*) não se confunde com um simples acordo de paz (*pactum pacis*), nem com uma espécie de Estado mundial (*civitas gentium*), pois as unidades preservariam a soberania assim como o compromisso de não voltar a guerrear entre si.

O individualismo é um dos fundamentos filosóficos mais importantes do liberalismo, que tem como preocupação central a liberdade do indivíduo, haja vista o fundamento e a finalidade da ordem política e social. Na concepção kantiana, os indivíduos são dotados de capacidade para decidir o que é bom e justo, tanto isoladamente quanto como membros de uma coletividade. Além disso, todos os seres humanos possuem igualdade de direitos, sendo os mais importantes deles os direitos à vida, à liberdade e à propriedade privada. Os indivíduos não são tratados apenas como objetos de um discurso moral, mas como os agentes centrais da mudança política e, portanto, da própria história. Por essa concepção, existe plena compatibilidade entre o bem individual e o progresso coletivo, pois, embora seja autointeressado, o indivíduo também pode ser educado para exercer seus direitos e suas atividades com responsabilidade e com base na ideia de um "interesse esclarecido", que pressupõe o comprometimento racional com a moral e a simpatia humana. O primado do ser humano é a base para a defesa da liberdade política e econômica do indivíduo, assim como para o princípio de sua igualdade moral, o que é complementado pelo cosmopolitismo da filosofia liberal, segundo o qual cada ser humano é, acima de tudo, membro da noção universal de humanidade.

Por fim, cabe ressaltar a visão do Estado que predomina entre os teóricos liberais: o Estado deve resultar da livre associação de indivíduos e grupos que conformam a sociedade civil; sendo assim, é essencial a diferença presente no liberalismo entre Estados "republicanos representativos" e "ditatoriais autocráticos". Enquanto as formas republicanas de Estado devem existir para resguardar os direitos e liberdades individuais, os regimes autocráticos são caracterizados pela restrição da autonomia individual. Em geral, os teóricos liberais exibem uma desconfiança com relação aos Estados, mesmo quando assumem a forma republicana, pois eles sempre constituem uma ameaça potencial à liberdade. Isso decorre da contradição entre o dever de proteger os cidadãos e a capacidade de promover conflitos internacionais, pois o Estado reúne capacidades materiais e atribuições regulatórias que podem restringir a liberdade política ou econômica no plano interno e ameaçar a paz entre as nações no âmbito do sistema internacional. Além disso, o Estado é visto como um aglomerado de indivíduos e grupos de interesse, em vez de concebido como uma entidade abstrata, unitária e racional. Cada Estado é visto como uma arena ou um conjunto de instituições em que são processados os diversos interesses existentes na sociedade. Nesse sentido, as estruturas políticas, os valores e os interesses domésticos influenciam (ou deveriam influenciar) os comportamentos externos dos Estados, podendo levá-los a adotar comportamentos mais propensos ao conflito ou à cooperação internacional, de acordo com determinadas condições que serão exploradas pelos diversos teóricos liberais.

2.2.1 Do liberalismo do entreguerras ao funcionalismo e neofuncionalismo

O fim da Primeira Guerra Mundial deu origem à retomada das propostas e argumentos da visão de mundo liberal, em especial entre intelectuais e líderes políticos que acreditavam na possibilidade de alcançar a paz universal por meio da criação de instituições como a Liga das Nações, do aprofundamento da interdependência econômica e do primado do direito internacional na solução das controvérsias entre os Estados. O internacionalismo liberal do presidente dos Estados Unidos Woodrow Wilson tornou-se um símbolo dessa visão na década de 1920. No entanto, a partir da Grande Depressão, iniciada em 1929, e dos acontecimentos históricos descritos no Capítulo 1, como o retorno do nacionalismo econômico, da corrida armamentista e dos regimes ditatoriais, o liberalismo voltou a perder espaço nos meios acadêmicos e políticos. Com a Segunda Guerra Mundial, o realismo político ganhou mais espaço e relegou as ideias liberais à condição de utopias políticas, consideradas sem aplicação prática. Apesar das defesas realizadas pelos liberais e das críticas dirigidas às teorias ou às práticas realistas, era difícil desvincular o liberalismo do rótulo de "idealismo", atribuído por autores como Carr e Morgenthau, entre outros.

O principal desafio dos liberais daquele período era reformular seus conceitos e argumentos, estabelecendo as novas condições para a criação de uma ordem internacional baseada na cooperação e em instituições, em lugar do conflito e da balança de poder. Por sua própria natureza, o âmbito da integração regional foi escolhido pelos teóricos liberais como o principal âmbito para a aplicação de suas ideias, em especial pelo sucesso inicial obtido pela experiência de cooperação dos países europeus nos anos posteriores ao conflito e, principalmente, a partir de meados dos anos 1950. Além disso, a partir da revolução behaviorista era preciso dotar as visões liberais de objetividade e caráter empírico, de forma a atender aos novos critérios científicos reivindicados pelos adeptos dos métodos inspirados nas ciências naturais. Ao mesmo tempo, a incorporação desses novos parâmetros epistemológicos ajudava a livrar o liberalismo das acusações de "idealismo utópico". Os primeiros autores liberais a se engajar nesse esforço foram David Mitrany e Karl Deutsch, que difundiram a abordagem teórica funcionalista da integração regional. A partir dos anos 1960, suas ideias foram reformuladas pela teoria neofuncionalista de Ernst Haas. Assim como inúmeros autores daquela geração, esses três teóricos de origem europeia – Mitrany nasceu na Romênia, Deutsch na Tchecoslováquia e Haas na Alemanha – emigraram pouco antes da Segunda Guerra, ajudando a construir as bases do que hoje é conhecido como RI.

A primeira elaboração sistemática do funcionalismo ocorreu ainda no período final da Segunda Guerra, quando David Mitrany publicou o livro *A working peace system: an argument for the functional development of international organizations*.[62] Com o objetivo de atingir

62 MITRANY, David. *A Working Peace System:* An Argument for the Functional Development of International Organizations. Chicago: University of Chicago Press, 1943.

a paz entre os países europeus, o autor defendia a criação de uma rede de instituições com funções e encargos específicos, abordagem que ele denominou "sociológico-funcional", em contraposição às propostas federalistas de uma abordagem "político-constitucional". Mitrany desconfiava da possibilidade de uma integração baseada em um plano, especialmente se o projeto estivesse sob o comando dos políticos dos diversos Estados. Em seu lugar, a cooperação deveria envolver assuntos transnacionais específicos. O sucesso das soluções técnicas em determinada área temática abriria a possibilidade de reproduzir a experiência nas demais. Ademais, Mitrany esperava que a transferência das responsabilidades para uma autoridade técnica, baseada em soluções funcionais, levasse ao enfraquecimento da soberania e da autoridade política com base em mandatos constitucionais. A fórmula popularizada pelo autor ("a forma segue a função") era considerada o melhor caminho para o aumento do bem-estar dos cidadãos, ao mesmo tempo driblando as dificuldades e os eventuais impasses produzidos pelos cálculos políticos dos estadistas. Em sua abordagem liberal e utilitária das instituições, ele dava prioridade à "segurança social" para que se atingisse um "sistema de paz que funcione", em lugar da abordagem liberal anterior, que havia tentado criar o que considerava uma "paz protegida", quando priorizou a construção de um sistema de "segurança coletiva", como foi o caso da Liga das Nações.

Para Mitrany, o caminho para a paz não era a criação de uma espécie de governo supranacional, como proposto pelos federalistas, uma vez que ele apenas transferiria a dimensão do nacionalismo. O modelo funcional estabelece somente os poderes exigidos para o cumprimento de uma função, a partir da pressuposição de uma identidade entre os problemas socioeconômicos e as soluções técnicas. Apesar de não ser totalmente incompatível com o marco federalista, a principal diferença dessa abordagem é o tipo de atuação da autoridade (técnica em vez de política), cujo alcance seria limitado pela própria função socioeconômica a ser cumprida. A paz seria alcançada por partes – na consagrada expressão "peace by pieces" – em vez de ser buscada em utópicos arranjos globais, como se havia tentado após a Primeira Guerra. Por fim, a formação de redes institucionais de caráter funcional ou técnico levaria à diminuição da importância dos Estados, que passariam a compartilhar soberania em prol do aumento do bem-estar material dos cidadãos e da solução dos eventuais conflitos gerados pela interdependência.

Alguns anos depois, o grande nome da teoria funcionalista da integração passou a ser Karl Deutsch. Ele foi um dos principais representantes da revolução behaviorista e pode ser considerado um dos principais cientistas sociais do século XX. Radicado nos Estados Unidos, empenhou-se em organizar o Programa de Dados Políticos da Universidade de Yale, esforço de desenvolver indicadores quantitativos para a realização de testes empíricos das diversas teorias políticas. Com efeito, Deutsch foi um dos pioneiros na aplicação rigorosa dos métodos behavioristas para o estudo da integração social e de seus pré-requisitos sociais, tendo coeditado o livro *Political community and the North Atlantic area: international organization in the light of historical experience*.[63] Nele, foram desenvolvidos conceitos que conferiam maior complexidade à oposição tradicional entre a política doméstica hierárquica e a política internacional anárquica e que se tornariam muito conhecidos entre os estudos de integração, como o de "comunidade de segurança". Para Deutsch e seus colaboradores, a distinção entre hierarquia e anarquia não deveria ser concebida como uma dicotomia, mas sim como um espectro. Suas ideias tornaram-se uma alternativa à predominância do realismo político nos anos do pós-guerra, fornecendo, ao mesmo tempo, bases empíricas para a aplicação da tradição pluralista ao estudo das relações internacionais.

A preocupação de Deutsch é com a possibilidade de criação de uma paz internacional sem a necessidade de estabelecer uma autoridade superior aos Estados. Por meio de intensos estudos empíricos, o grupo liderado por ele investigou a formação histórica de "comunidades de segurança", definidas como grupos sociais que possuem um processo de comunicação política e instituições e práticas suficientemente fortes para assegurar expectativas duradouras de mudanças sem recorrer à força. Essas comunidades políticas podem ser "amalgamadas", quando existe a transferência de autoridade para um novo centro decisório, ou "pluralistas", quando é mantida a independência dos diversos governos. Embora ambos os modelos comunitários fossem considerados caminhos viáveis para a integração, o caminho preferencial para a paz seria o desenvolvimento de comunidades pluralistas de segurança, em vez da imposição de um amálgama ao âmbito internacional. Em termos comparativos, as comunidades pluralistas eram consideradas mais fáceis de atingir e de manter do que a construção de comunidades amalgamadas. Os requisitos necessários envolviam, entre outros fatores, a criação de mecanismos institucionais suficientes para resolver eventuais crises, o compromisso em torno do princípio da reciprocidade nas relações entre os membros da comunidade e a percepção comum de uma ameaça externa, como era o caso da União Soviética ou do comunismo durante a Guerra Fria. Além disso, embora o número de casos históricos de sucesso fosse equivalente, os resultados empíricos de seus estudos apontavam uma grande diferença entre os casos de insucesso, favoravelmente às comunidades pluralistas.

O aumento das transações entre as nações não significa necessariamente maior integração, pois ele pode levar ao incremento das oportunidades de conflitos violentos. Na obra *Political community at international level*,[64] Deutsch sustenta que um maior volume de transações políticas, culturais ou econômicas implica maior responsabilidade das instituições diante das funções a serem cumpridas, de modo a garantir a adaptação ou a mudança pacífica entre as populações envolvidas pelos vínculos sociais. Acima de tudo, a integração é um processo de construção de comunidade que, para tanto, depende de um aprendizado social derivado da

63 DEUTSCH, Karl. *Political Community and the North Atlantic Area:* International Organization in the Light of Historical Experience. Princeton, NJ: Princeton University Press, 1957.

64 DEUSTCH, 1954.

interação comunicativa entre as diversas populações, bem como entre as respectivas elites políticas. Assim como ocorre na argumentação teórica de Mitrany, essa versão do funcionalismo sustenta que, à medida que as instituições respondessem de forma satisfatória às necessidades socioeconômicas geradas pelo aumento das transações, ocorreria um efeito de transbordamento (no inglês, *spill over effect*), aumentando a cooperação em outras áreas e conformando novas oportunidades para a mudança pacífica. Em resumo, uma das principais expectativas teóricas do funcionalismo era um processo de ampliação gradual das técnicas racionais de organização das políticas públicas no âmbito internacional.

A desaceleração e os impasses no processo de integração europeia nos anos 1960, entretanto, puseram em questão as expectativas funcionalistas. Os anos 1960 foram marcados por impasses importantes entre os principais países europeus, em particular entre os líderes da Alemanha e da França. Foi nesse contexto que se desenvolveu uma nova versão do liberalismo, cujo principal expoente é Ernst Haas. Sua teoria ficou conhecida como "neofuncionalismo" e buscou incorporar a dimensão política às análises das dinâmicas de integração. Entre as críticas, destacavam-se a dificuldade de separar o "técnico" do "político", o excesso de otimismo contido na visão de um transbordamento quase automático entre as diversas áreas da integração e a visão ingênua do desprendimento dos Estados de seus atributos de soberania. O neofuncionalismo buscou sintetizar as abordagens que davam maior importância ao papel das esferas políticas (como as presentes nas propostas federalistas iniciais) em vez das teorias que defendiam a promoção da cooperação europeia a partir de instituições especializadas (como sustentavam os funcionalistas). A teoria de Haas ficou conhecida também como "federalismo por prestações". O novo modelo teórico previa o declínio da soberania estatal com a criação de instituições supranacionais. Em consequência, esperava-se que a transferência de competências modificasse a lealdade política dos cidadãos, isto é, que a criação de uma identidade europeia suplantasse o nacionalismo. Ao contrário do funcionalismo, Haas entendia que a racionalidade técnica não era capaz de garantir a continuidade do processo de integração, que dependia da vontade política das elites nacionais para impulsionar a tomada de decisões. Em outras palavras, para ocorrer o avanço da integração era preciso que os benefícios materiais incentivassem a adesão das elites políticas e socioeconômicas ao projeto. Com isso, haveria um processo de aprendizado social das elites, com a consequente formação dos interesses comunitários, em substituição aos interesses nacionais. A incorporação dos valores comuns às diversas sociedades envolvidas era fundamental para desenvolver a capacidade de aplicar uma espécie de "conhecimento consensual" à solução de problemas comuns.

Embora Haas tenha dado importantes contribuições à reflexão sobre a integração regional, influenciando toda uma geração de estudiosos, ao final dos anos 1970 ele mesmo reconheceu a obsolescência do neofuncionalismo. Em uma rara atitude de honestidade intelectual, o próprio autor reconhecia as dificuldades de sua teoria. Por um lado, havia ambiguidade no termo "integração", o qual se pretendia explicar, pois não estava claro se era uma condição ou um processo. Por outro, embora pretendesse formular uma teoria empírica, Haas introduziu no modelo sua preferência pelo supranacionalismo, negligenciando a análise das condições políticas e dos interesses econômicos nacionais que poderiam desacelerar o processo. Entretanto, tal reconhecimento das limitações da cooperação não significaria o abandono das teorias liberais empíricas, pois outros autores levariam adiante o esforço de conciliar o ideal positivista com a explicação das condições para a cooperação internacional. Esses teóricos da nova geração trabalhariam além do plano regional, influenciados também pelo novo contexto, indo além dos processos de formação de blocos regionais. As principais teorias liberais dos anos 1970 e 1980 serão apresentadas no item a seguir.

2.2.2 Teoria da interdependência complexa, institucionalismo neoliberal e teoria da paz democrática

A partir dos anos 1970, as teorias liberais foram reformuladas sob influência do novo contexto internacional e acadêmico. Quanto às dinâmicas históricas mais relevantes, cabe destacar o cenário de distensão entre os Estados Unidos e a URSS, que imprimiram políticas mais coordenadas e, portanto, potencialmente menos conflitantes, assim como a valorização dos temas econômicos na agenda internacional, seja pelo aumento da cooperação econômica, seja pelas discussões em torno do problema do desenvolvimento dos países periféricos. As novas reflexões foram influenciadas também pelo maior destaque adquirido por atores não estatais, como as empresas multinacionais ou transnacionais e as organizações não governamentais atuantes em áreas como direitos humanos e meio ambiente. No plano acadêmico, destacavam-se as críticas ao realismo, formuladas tanto por autores liberais que chamavam a atenção para esses novos atores ou para a fragmentação dos interesses no interior dos Estados, como por autores globalistas que apontavam para as dinâmicas por trás do subdesenvolvimento econômico ou da própria evolução do sistema capitalista mundial e sua relação com a política internacional. Além disso, as novas teorias liberais também seriam profundamente influenciadas pela hegemonia intelectual do positivismo científico, que atingiria a tradição realista, como visto na apresentação do neorrealismo de Waltz. Esta seção apresenta três elaborações liberais desse período: a teoria da interdependência complexa, elaborada por Robert Keohane e *Joseph Nye*;[65] o institucionalismo neoliberal, elaborado sistematicamente na obra *After Hegemony: Cooperation and Discord in World Political Economy*;[66] e a teoria da paz democrática, que procurou resgatar o legado kantiano e cujo principal expoente nos anos 1980 foi o norte-americano Michael Doyle.

Após realizarem trabalhos sobre a crescente importância dos atores transnacionais na política mundial, Keohane e Nye finalmente apresentaram sua própria teoria no final dos anos 1970.

---

65 KEOHANE, Robert; NYE, Joseph. *Power and Interdependence*. Boston: Little and Brown, 1977.

66 KEOHANE, Robert. *After Hegemony:* Cooperation and Discord in World Political Economy. Princeton, NJ: Princeton University Press, 1984.

A teoria da interdependência complexa foi a primeira tentativa de conciliar a perspectiva liberal sobre as possibilidades de cooperação com a visão realista da importância dos recursos de poder para a conquista de resultados políticos. De início, os autores esclarecem que a mera situação de "interdependência" é diferente daquilo que eles denominaram "interdependência complexa". A primeira refere-se a qualquer situação em que existem relações entre dois ou mais Estados, ou entre atores de diferentes países, de modo que essas relações produzem efeitos recíprocos. Mais precisamente, os autores utilizaram os conceitos de "sensibilidade", que se refere aos efeitos produzidos pelas decisões ou ações de um daqueles envolvidos na relação, e de "vulnerabilidade", referente à existência de efeitos custosos, ou seja, à existência de custos associados à mudança gerada pelas decisões ou ações do(s) outro(s) envolvido(s). A interdependência pode ser definida como "simétrica" ou "assimétrica", dependendo da distribuição dos efeitos e seus respectivos custos entre as partes envolvidas na relação.

Por outro lado, a "interdependência complexa" possui características mais específicas, o que a diferencia da mera situação contida no "discurso da interdependência", assim como consequências políticas peculiares. Em primeiro lugar, na interdependência complexa existem múltiplos canais conectando as sociedades envolvidas. Além do canal interestatal, privilegiado pelas teorias realistas, existem os canais transnacionais e transgovernamentais. Com isso, são relativizados a importância das fronteiras para a atuação de determinados atores e o próprio caráter unitário dos Estados, já que se desenvolvem vínculos entre agências burocráticas de diferentes governos. Em segundo lugar, a agenda torna-se múltipla e não existe uma hierarquia predeterminada entre os temas. Isso põe em xeque a divisão tradicional entre a "high politics" e a "low politics", muito importante para os realistas. Os temas econômicos, sociais ou ambientais podem ser tão importantes quanto ou mais importantes do que a preocupação com os temas de segurança ou político-estratégicos. E, por fim, a existência de vínculos mais intensos entre os Estados inviabiliza o recurso à força militar, cuja utilidade torna-se decrescente para a realização dos interesses nacionais. Em resumo, os processos políticos para converter os recursos de poder em resultados políticos são bastante diversos, segundo a visão dos teóricos da interdependência complexa, quando comparados às expectativas teóricas dos realistas, em virtude das diferenças fundamentais com relação aos objetivos dos atores, aos instrumentos políticos à sua disposição, à formação da agenda, à possibilidade de fazer ligações entre os temas e, não menos importante, ao papel das organizações internacionais.

Na primeira metade dos anos 1980, Keohane apresentou sua contribuição mais importante para a teoria das RI, conhecida como institucionalismo neoliberal.[67] Escrito sob a influência dos debates gerados pela publicação do livro de Waltz[68] e pela crescente discussão em torno do surgimento, da evolução e do papel dos regimes internacionais[69], o objetivo

67 KEOHANE, 1984.

68 WALTZ, 1979.

69 KRASNER, Stephen (Ed.). *International Regimes*. Ithaca: Cornell University Press, 1983.

principal da nova teoria liberal era identificar as condições para a existência de cooperação internacional em um mundo anárquico de Estados racionais e egoístas. Como se dão os padrões de cooperação (ou discórdia) na economia política mundial? Em seu modelo teórico, Keohane adota uma série algumas posturas que serão fundamentais para a possibilidade de um debate com o neorrealismo de Waltz: (i) aceita a anarquia como ponto de partida; (ii) concede aos realistas em um ponto importante – os Estados são os atores centrais, os quais são definidos como autointeressados e racionais. Entretanto, apresenta também algumas diferenças com relação ao modelo neorrealista. Por um lado, Keohane sustenta que a cooperação é possível no mundo anárquico, mesmo entre atores racionais e egoístas; embora a soberania e o sistema de autoajuda limitem a confiança entre as partes, isso não torna a cooperação impossível. Por outro, as instituições criadas pelos Estados podem modificar seus comportamentos e, assim, os rumos da cooperação internacional.

No plano conceitual, o autor contribui ao diferenciar a "harmonia de interesses" da "cooperação internacional". No primeiro caso, trata-se de "uma situação na qual as políticas dos atores automaticamente facilitam a obtenção dos objetivos dos demais atores"[70], enquanto a cooperação é definida como "um processo de negociação, que é frequentemente referida como 'coordenação política'".[71] Portanto, ao contrário da lógica prevista na concepção de harmonia de interesses, ocorre um ajuste das políticas de um ator às preferências do(s) outro(s) envolvido(s), um processo difícil, que é marcado por intensas negociações e requer comunicação entre as partes. Segundo Keohane, a cooperação intergovernamental ocorre quando as políticas dos demais atores são concebidas como ajustes necessários à redução dos impactos negativos que poderiam ocorrer sem a existência da coordenação de posições. De outro lado, existe "conflito" quando as políticas da contraparte são vistas como obstáculos à obtenção dos próprios objetivos e não existem ajustes de políticas para tornar mais compatíveis as posições dos respectivos atores. Trata-se, portanto, de três situações bastante distintas: harmonia, cooperação e discórdia. No primeiro caso, não há necessidade de esforço político ou de negociação, enquanto no segundo e no terceiro casos existe necessidade de ajuste das diferenças de preferências políticas, sendo que em um caso ela ocorre, e no outro não.

De acordo com a teoria institucionalista neoliberal, os regimes internacionais podem ser utilizados para administrar os conflitos de interesses. Porém, elas dependem fundamentalmente das interações dos Estados, que precisam fazer escolhas consistentes com seus interesses, de forma a resolver os problemas que dependem da cooperação tal como definido anteriormente. Do ponto de vista político, a existência de um hegemon pode facilitar a cooperação, mas essa condição não é necessária nem suficiente para que ela aconteça. A explicação de Keohane, portanto, introduz um novo argumento às discussões sobre a estabilidade

70 KEOHANE, 1984, p. 51.

71 KEOHANE, 1984, p. 51.

hegemônica, engajando-se nos debates que envolviam, por exemplo, a contribuição de Robert Gilpin,[72] apresentada na seção sobre o realismo político. De acordo com Keohane, a existência das instituições pode ser explicada pela própria interação estratégica dos atores racionais que são os Estados, porque as instituições cumprem determinadas funções, isto é, pode-se explicar a existência dos regimes recorrendo ao lado da demanda por instituições, não apenas ao lado da oferta por um ator hegemônico. Mais especificamente, as instituições cumprem três funções principais: (i) elas proporcionam maior grau de comunicação entre os atores, facilitando o fluxo de informações e, assim, diminuindo as incertezas; (ii) a existência de instituições reduz a desconfiança e o medo da trapaça na cooperação, pois elas aumentam o controle do cumprimento das obrigações mútuas assumidas pelos atores; (iii) a existência de regras e procedimentos de tomada de decisão ajuda a modular os comportamentos dos atores, diminuindo assim o temor diante das ações futuras dos demais. Conforme foi visto no Capítulo 1, a elaboração do institucionalismo neoliberal (ou, simplesmente, neoliberalismo) permitiu o confronto com a teoria neorrealista, através da convergência em torno de algumas premissas comuns e de certos problemas teóricos sobre os quais as duas abordagens divergiam.

Paralelamente, alguns teóricos liberais passaram a investigar outras questões, como a relação entre "regime político" (isto é, a democracia) e a incidência de conflitos armados. Michael Doyle pode ser considerado o representante mais sofisticado da teoria da paz democrática, que começou a ser resgatada por ele a partir de 1983.[73] Na sua visão, o ensaio *Paz Perpétua*, de Kant (1795), pode constituir uma explicação coerente de duas regularidades importantes na política mundial: "as tendências dos Estados liberais de, simultaneamente, serem propensos à paz em suas relações mútuas e propensos à guerra em suas relações com Estados não liberais".[74] Para Doyle, são três os mecanismos causais da explicação para esses padrões de comportamento, os quais somente possuem eficiência quando atuam conjuntamente: (i) uma forma republicana de Estado, na qual os governos tenham responsividade diante de seus cidadãos; (ii) um compromisso normativo com os direitos humanos fundamentais, parte essencial dos valores liberais; e (iii) a existência de interdependência transnacional. Cada um desses elementos é extraído dos três artigos definitivos contidos no metafórico projeto de tratado proposto por Kant no final do século XVIII. O primeiro artigo estabelece o elemento "republicano" da paz perpétua. Uma sociedade política republicana é importante porque seus valores fundamentais

72 GILPIN, 1981.

73 DOYLE, Michael. Kant, liberal legacies and foreign affairs: part I. *Philosophy and Public Affairs*, n. 12, 1983a; DOYLE, Michael. Kant, liberal legacies and foreign affairs: part II. *Philosophy and Public Affairs*, n. 12, 1983b; DOYLE, Michael. *Ways of War and Peace: Realism, Liberalism, and Socialism*. New York: WW Norton, 1997; DOYLE, Michael. Three pillars of the liberal peace. *American Political Science Review*, v. 99, n. 3, 2005.

74 DOYLE, 2005, p. 463.

combinam a autonomia moral, o individualismo e a defesa da ordem social. Basicamente, um Estado republicano combina governo representativo, separação de poderes e respeito aos direitos fundamentais. O segundo artigo é a base para a criação de uma "federação pacífica de repúblicas", ou, na expressão do filósofo, uma *foedus pacificum*, que não se confunde com um mero tratado de paz isolado (um *pactum pacis*), nem com um Estado mundial (um *civitas gentium*). Por fim, o terceiro artigo estabelece um direito cosmopolita, o qual implica o reconhecimento de uma hospitalidade universal, isto é, o direito de um estrangeiro de não ser sujeito a qualquer ato de hostilidade quando em território de um Estado que não seja o seu próprio. Para atestar a validade do argumento central da paz democrática, é preciso verificar a coexistência desses três fatores em conjunto, pois, como reforça Doyle, a lógica da teoria depende dos efeitos combinados de todos eles.

A teoria da paz democrática tornou-se muito difundida após o final da Guerra Fria. Seus defensores procuram apresentar elementos empíricos que comprovem a validade do argumento. Embora a visão mais corrente associe de maneira direta a multiplicação de Estados democráticos e o estado de paz internacional, a visão mais sofisticada da teoria faz questão de esclarecer que o maior número de democracias no sistema internacional não significa maior estabilidade nas relações internacionais. O consenso em torno do ideal democrático pode dar bons argumentos para que os líderes das democracias existentes empreendam verdadeiras "cruzadas" contra os regimes não democráticos. O fato de que os Estados Unidos (e alguns de seus aliados ocidentais) tenham conduzido a política de "promoção da democracia" por meio de ofensivas armadas, seja no governo de Bill Clinton (1992-2000), seja nos governos de George W. Bush (2001-2009) e Barack Obama (2009-), não invalida o argumento introduzido por Kant e resgatado por Doyle e outros desde os anos 1980. O que importa, do ponto de vista da teoria, é a existência de uma "paz separada" entre as democracias. Tendo esclarecido as bases epistemológicas e normativas da teoria, Doyle deu um importante impulso para uma série de trabalhos empíricos dedicados a investigar se existem bases empíricas sólidas o suficiente para justificar o desejo liberal de avançar no apoio à construção de regimes democráticos ao redor do mundo. Na visão liberal, esse esforço deveria ser empreendido nem que seja à força, pois no futuro poderia, gradualmente, dar lugar a um mundo pacífico se todos os países adotassem a forma republicana e seguissem os demais princípios da política democrática em suas relações externas.

2.2.3 Outras perspectivas liberais contemporâneas

Para concluir o tópico sobre o internacionalismo liberal, nesta seção serão apresentadas três das inúmeras perspectivas contemporâneas, consideradas importantes pelo impacto produzido nas discussões internas e nos debates com teóricos de outros campos das RI. A primeira perspectiva resulta da incorporação, pelo próprio institucionalismo liberal de Keohane, da agenda de investigação sobre o papel das ideias nas relações internacionais, no livro *Ideas and Foreign Policy: Beliefs, Institutions, and Political Change*[75], organizado por Judith Goldstein e Robert Keohane. Pode-se dizer que essa incorporação é uma forma de introduzir na agenda racionalista o argumento, tão difundido pelos teóricos reflexivistas do quarto debate, de que "as ideias importam". A segunda perspectiva reivindica o resgate das supostas raízes clássicas do liberalismo e tem como principal representante o teórico Andrew Moravcsik. Em seu famoso artigo *Taking Preferences Seriously: A Liberal Theory of International Politics*,[76] o autor critica a aproximação do institucionalismo neoliberal de Keohane com o realismo estrutural de Waltz, o qual teria deixado de lado a importância central das relações entre Estado e sociedade para a teoria liberal clássica. Por fim, a seção é encerrada com a apresentação de um dos livros mais influentes nos debates contemporâneos da teoria das RI: *After Victory: Institutions, Strategic Restraint, and the Rebuilding of Order After Major Wars*, escrito por John Ikenberry.[77]

O livro editado por Goldstein e Keohane[78] estabelece um enquadramento teórico para o estudo das relações entre ideias e política externa, assim como um conjunto de trabalhos empíricos. De acordo com a estrutura analítica, a política externa dos Estados pode ser influenciada pelas ideias. Mais precisamente, o enfoque teórico proposto pelos autores baseia-se, primeiramente, na construção de uma tipologia das ideias que influenciam as decisões e comportamentos dos Estados. Em primeiro lugar, há as "visões de mundo" (em inglês, *worldviews*), tratadas como as ideias que definem o próprio universo de possibilidades para a ação. Embora estejam profundamente enraizadas no simbolismo de uma cultura, assim como em seus pensamentos e discursos, elas são pouco exploradas pelos artigos contidos no livro. São exemplos de visões de mundo as religiões ou os conceitos de "racionalidade", "soberania", "propriedade privada" etc. O segundo tipo de ideias é chamado "crenças baseadas em princípios" (*principled beliefs*), definidas como "ideias normativas que especificam critérios para distinguir o que é certo ou errado e o que é justo ou injusto. Entre os exemplos citados estão as normas contrárias à escravidão e outros direitos humanos. As crenças baseadas em princípios normativos funcionam como instâncias intermediárias entre as visões de mundo e prescrições específicas de políticas. Por fim, a terceira categoria de ideias refere-se às "crenças causais" (*causal beliefs*), concebidas como ideias que sustentam determinadas relações de causa e efeito, apresentando-se como guias estratégicos para os agentes atingirem seus objetivos. Entre os exemplos estão os conhecimentos compartilhados por comunidades científicas.

75 GOLDSTEIN, Judith; KEOHANE, Robert (Ed.). *Ideas and Foreign Policy:* Beliefs, Institutions, and Political Change. Ithaca: Cornell University Press, 1993.

76 MORAVCSIK, Andrew. Taking preferences seriously: a liberal theory of international politics. *International Organization*, n. 51, 1997.

77 IKENBERRY, John. *After Victory:* Institutions, Strategic Restraint, and the Rebuilding of Order After Major Wars. Princeton, NJ: Princeton University Press, 2001.

78 GOLDSTEIN e KEOHANE, 1993.

O passo seguinte do modelo é estabelecer três mecanismos causais através dos quais as políticas externas podem ser influenciadas pelos tipos de ideias: (i) as ideias podem funcionar como "mapas rodoviários" (*road maps*), indicando os melhores caminhos para que o Estado atinja seus interesses ou ajudando a defini-los; (ii) elas podem funcionar como "pontos focais" (*focal points*), ajudando os Estados a escolher estrategicamente a ação política, no caso de multiplicidade de equilíbrios possíveis; (iii) as ideias influenciam os resultados por meio da sua institucionalização (*embedded in institutions*), especificando as políticas a serem adotadas no caso de ausência de inovação. De qualquer modo, qualquer uma dessas ideias é concebida como variável interveniente, situando-se entre os interesses materiais (variáveis independentes) e os resultados em termos de políticas externas (variáveis dependentes). Com isso, Goldstein e Keohane mantêm um compromisso com os protocolos explicativos racionalistas, porém tornando-os mais flexíveis à medida que incluem o peso causal das ideias sobre as políticas dos Estados e, consequentemente, sobre a própria política mundial.

A segunda tendência teórica explorada aqui refere-se ao compromisso de Andrew Moravcsik[79] de resgatar as raízes do liberalismo clássico, cujo principal *insight* consiste na ênfase sobre as "relações Estado-sociedade". Para ele, é preciso encarar o processo de formação dos interesses dos Estados com seriedade, pois sua relação com o contexto social doméstico e internacional em que eles estão inseridos tem um impacto fundamental sobre seus comportamentos externos. O autor argumenta que as ideias, os interesses e as instituições presentes nas diversas sociedades têm a capacidade de transformar as preferências dos respectivos Estados. Na sua visão, o institucionalismo liberal é uma distorção das raízes do pensamento liberal, na medida em que não problematiza o processo de formação dos interesses dos Estados. Por isso, ele entende ser necessário reformular a teoria liberal, em um sentido não ideológico e não utópico, isto é, como uma teoria empírica da política internacional.

Partindo dessa premissa, Moravcsik reelabora os elementos centrais do liberalismo em torno de três proposições principais, cada qual referente a um dos seguintes aspectos da realidade: os atores sociais, o Estado e o sistema internacional. As hipóteses da teoria proposta podem ser resumidas nos seguintes termos: (i) os atores fundamentais da política internacional são os indivíduos e os grupos privados, que, na média, são racionais e avessos ao risco, e que possuem preferências diferenciadas. Do ponto de vista analítico, as demandas, os valores e os recursos desses indivíduos e grupos são anteriores à própria política, isto é, às trocas políticas e à ação coletiva; (ii) o Estado representa os diversos segmentos sociais, cujos interesses e capacidades têm impacto sobre os tomadores de decisão, os quais definem as preferências estatais e agem racionalmente para atingi-las. Nesse sentido, a análise liberal da política doméstica trata o Estado não como um ator, mas como arena ou instituição representativa, como ele denomina, a "correia de transmissão" pela qual as preferências e o poder social dos indivíduos e grupos

79 MORAVCSIK, 1997.

privados influenciam as políticas públicas; (iii) o comportamento dos Estados é determinado não somente por sua preferência, que motiva a ação, mas também pelos constrangimentos sistêmicos impostos pelas preferências dos outros Estados com os quais ele interage. Ou seja, na análise do sistema internacional e da configuração das preferências dos diversos Estados de Moravcsik, o aspecto estratégico é muito importante para a análise da identificação das preferências estatais, formadas, pelo menos em parte, como resultado de suas interações no nível sistêmico. Em suma, a visão liberal do autor enfatiza tanto as relações Estado-sociedade como o aspecto relacionado ao Estado enquanto arena de processamento do pluralismo político, em vez de agente dotado de interesses próprios e predeterminados.

A última perspectiva liberal contemporânea foi apresentada no livro de John Ikenberry.[80] Para ele, o problema fundamental das relações internacionais consiste na construção da ordem em um mundo de Estados soberanos. De fato, trata-se de uma das preocupações clássicas do liberalismo político. Como criar e manter a ordem? Como os Estados constroem a ordem internacional e como a fazem durar? Na opinião de Ikenberry, existem raras circunstâncias históricas após as grandes guerras entre as principais potências, como aquelas representadas pelos anos de 1648, 1713, 1815, 1919 e 1945, nas quais os Estados vencedores enfrentam a tarefa de reconstruir o mundo pós-guerra. Em cada uma dessas circunstâncias, as potências vitoriosas têm oportunidades extraordinárias de moldar a política mundial. As novas disparidades de poder, resultantes das grandes guerras, produzem oportunidades inusuais e incentivos para que os Estados mais poderosos introduzam novos princípios e valores à nova ordem internacional. O livro de Ikenberry é estruturado a partir de alguns elementos centrais. De início, o autor apresenta três questões fundamentais a respeito dessas circunstâncias "depois da vitória". Primeiramente, ele questiona qual é a lógica essencial da escolha estatal dos momentos pós-guerra, isto é, quando a organização básica da ordem internacional está em jogo. Em outros termos, o que caracteriza a circunstância estratégica comum a esses momentos de ordenação? Segundo, ele procura explicações para a sua tese de que, desde 1815, e mais sistematicamente depois de 1945, os Estados vitoriosos têm recorrido cada vez mais a estratégias institucionais de reconstrução da ordem. O que explica o crescente recurso a instituições internacionais, considerando que os Estados são atores racionais? Por fim, a terceira questão diz respeito à durabilidade das instituições estabelecidas no pós-Segunda Guerra (Bretton Woods, ONU, Otan etc.). Por que, apesar das mudanças dramáticas na política internacional desde o final da Guerra Fria, essas instituições permaneceram vigentes?

Guiado por essas questões, o autor desenvolve uma teoria institucional e análises históricas bastante ricas sobre os momentos de reconstrução da ordem internacional após cada um dos momentos mencionados anteriormente. Para ele, as potências ganhadoras têm três grandes opções após adquirir as vantagens características dos momentos posteriores à vitória:

80 IKENBERRY, 2001.

(i) elas podem "dominar", isto é, utilizar suas capacidades materiais para prevalecer no conflito permanente sobre a distribuição dos ganhos; (ii) "abandonar", o que significa, nas palavras do autor, "lavar as mãos diante das disputas políticas do pós-guerra e retornar para casa"; ou (iii) "transformar" sua posição de poder favorável numa ordem durável, elidindo os temores dos Estados mais fracos e dos derrotados de que vá ocorrer a dominação ou o abandono. Historicamente, os Estados que lideram o sistema internacional nas circunstâncias posteriores às grandes guerras tiveram incentivos para tomar o terceiro curso de ação, ainda que os meios e as habilidades para moldar a ordem internacional tenham se modificado ao longo dos séculos. Segundo o autor, esse é o modo mais racional de as potências vitoriosas lidarem com a circunstância estratégica favorável, tornando mais durável a configuração de poder vigente e evitando sofrer, no futuro, as consequências das reviravoltas da política internacional quando essa configuração assumir novas características.

Para explicar esse padrão histórico, o autor apresenta três argumentos centrais, que constituem o cerne de sua teoria. Em primeiro lugar, as características da ordem após as grandes guerras mudaram na medida em que as capacidades e os mecanismos dos Estados para restringir o poder também mudaram. Em 1815, 1919 e 1945, as potências vitoriosas recorreram cada vez mais às instituições internacionais não apenas como meio para resolver problemas funcionais e facilitar a cooperação, mas, sobretudo, como mecanismos de controle político, encapsulando os demais Estados dentro da configuração de poder favorável aos vitoriosos e estabelecendo alguma medida de restrição ao exercício do próprio poder, de modo a mitigar os temores de dominação ou abandono. Em segundo lugar, Ikenberry argumenta que as duas variáveis mais importantes para os incentivos e capacidades dos Estados de adotar os referidos mecanismos de controle político por meio de instituições são a extensão das disparidades de poder do pós-guerra e os tipos de Estados envolvidos. Quanto maior a assimetria de poder, maiores as capacidades do(s) Estado(s) líder(es) de estabelecer tais instituições e os incentivos para que os demais aceitem vincular-se a elas. Além disso, o autor endossa a tese liberal de que a democracia favorece o estabelecimento dessas instituições, mais facilmente criadas e mantidas entre democracias do que entre elas e Estados não democráticos. O último argumento teórico de Ikenberry busca explicar a continuidade da ordem pós-1945, com base em sua lógica institucional. Para ele, mais do que em 1919 ou 1815, as circunstâncias posteriores à Segunda Guerra forneceram aos Estados Unidos a oportunidade de avançar na construção de uma ordem baseada em instituições. O aumento das instituições e compromissos intergovernamentais tornou cada vez mais difícil a substituição daquela ordem por ordens alternativas. Além disso, a mesma lógica ajuda a explicar por que a União Soviética cedeu após tão pouca resistência e aceitou a unificação da Alemanha, vinculada à Otan. Ikenberry conclui sua obra argumentando que a estrutura democrática dos Estados ocidentais mitigava as consequências negativas em termos de segurança, do ponto de vista soviético, pois as ordens políticas constitucionais (seja no âmbito doméstico, seja no âmbito internacional, já que "a divisão entre ambos não é absoluta") ajudam a limitar os retornos do poder. Isso porque essas ordens baseiam-se em vínculos institucionais que restringem as possibilidades de utilização das vantagens momentâneas pelos atores mais poderosos.

2.3 Globalismo

O termo "globalismo" serve para denominar um conjunto de perspectivas teóricas influenciadas pelo materialismo histórico desenvolvido inicialmente por Karl Marx (1818-1883). Por isso, muitas vezes o globalismo é identificado simplesmente como "marxismo", embora se tenha preferido aqui o primeiro termo, porque há autores marxistas e não marxistas dentro da perspectiva globalista. Na verdade, pretende-se chamar a atenção para a variedade e profundidade dessa tradição, que concebe a atividade teórico-filosófica de um ponto de vista prático-crítico – no dizer de Marx, "os filósofos limitaram-se a interpretar o mundo de diferentes maneiras; o que importa é transformá-lo". A atividade intelectual consiste na busca de um método filosófico capaz de desmascarar as ilusões da consciência e libertar o homem das estruturas de dominação política e exploração econômica. Sob maior ou menor influência do pensamento de Marx, é possível identificar algumas variantes da crítica do capitalismo, visto como uma forma histórica particular de organização da vida social humana. Ainda que Marx não tenha escrito propriamente sobre "relações internacionais" nem tenha produzido uma "teoria do Estado", ele tinha bastante clareza sobre as relações entre a exploração de classe e a dimensão global do capitalismo. As relações dentro dos Estados e entre eles são continuamente marcadas pelas contradições do sistema capitalista. Além disso, o processo de expansão do capitalismo carrega consigo suas tensões internas, criando as condições para seu processo de superação.

Os métodos de análise, os conceitos e *insights* elaborados por Marx durante o século XIX são fundamentais para as diversas teorias globalistas. Naturalmente, alguns dos precursores que influenciaram essa tradição teórica das RI, como Vladimir Lênin (1870-1924), Rudolph Hilferding (1877-1941), Rosa Luxemburgo (1870-1919) e Antonio Gramsci (1891-1937), construíram suas obras na forma de críticas ou reformulações do pensamento de Marx, mas isso não tira sua importância central. Para ele, o capitalismo é uma formação histórica que resulta das relações de produção entre sujeitos (ou agentes humanos), um modo de produção no qual a geração de riqueza envolve relações de poder entre as classes burguesas e o proletariado, nas quais as primeiras exploram a classe formada pelos trabalhadores. A história não deve ser vista do prisma da ascensão e queda de cidades-Estado, impérios, Estados nacionais ou outras unidades políticas similares, mas como a história da luta de classes. Nesse sentido, a função primordial do Estado é assegurar a estabilidade da ordem capitalista, permitindo assim a reprodução da acumulação de capital, isto é, garantindo a exploração dos trabalhadores pelos capitalistas. Ao longo do tempo, porém, a luta de classes é aprofundada pelo aumento da exploração, na medida em que o aumento da produtividade e do lucro capitalistas não se traduz no aumento da renda dos trabalhadores. Esse processo, por sua vez, exige que o Estado seja cada vez mais agressivo e repressor, à medida que os trabalhadores tomarem consciência e se mobilizarem para transformar a realidade da exploração.

Para os globalistas, é preciso realizar uma abordagem histórica do desenvolvimento do capitalismo. Todas as unidades de análise envolvidas nas relações internacionais – como os indivíduos, os Estados e suas burocracias, as sociedades e suas classes etc. – devem ser interpretadas a partir de sua inserção nas estruturas desse sistema mundial, dentro do qual os comportamentos e as interações sociais ocorrem. As principais questões abordadas pelos globalistas envolvem os seguintes temas: por que existe tanta desigualdade entre as nações do mundo desenvolvido e as dos países subdesenvolvidos? Quais são as dinâmicas próprias da evolução histórica do capitalista mundial e quais são os mecanismos que perpetuam a dominação da maioria pela minoria? O núcleo dessa perspectiva teórica consiste na visão do capitalismo como uma forma material de vida, dentro da qual são constituídas relações de produção baseadas em fatores econômicos, mas que produzem efeitos nos demais âmbitos da vida social, como a política e a cultura. Para os globalistas, em geral, é preciso interpretar de modo crítico algumas dicotomias modernas, como Estado *versus* sociedade; economia *versus* política; e política doméstica *versus* política internacional. Além do mais, elas devem ser inseridas em um contexto global, tomando o sistema capitalista como unidade de análise fundamental, dentro da qual é preciso tratar das relações sociais como uma totalidade, não em partes, mesmo que seja a partir da identificação dos processos econômicos que as estruturam e do modo como esses processos estão conectados entre si.

2.3.1 Teorias do imperialismo e globalização

As teorias do imperialismo estão entre as contribuições mais familiares e mais antigas da perspectiva globalista sobre a política mundial. Chega a ser curioso o fato de que elas só ganham maior visibilidade nas autoimagens das RI a partir do debate interparadigmático, porque seus principais representantes escreveram antes ou simultaneamente ao surgimento do estudo sistemático das relações internacionais, isto é, no princípio do século XX, como é o caso de Lênin, Hilferding, Luxemburgo e do economista inglês John Hobson (1858-1940), um dos autores globalistas não marxistas. Os teóricos do imperialismo assumem a existência de uma divisão internacional do trabalho hierárquica dentro do sistema capitalista. A divisão entre regiões ou países ricos e pobres constitui uma forma ao mesmo tempo de exploração econômica e dominação política, em vez da interpretação liberal que destaca as relações de complementaridade, baseadas no conceito de "vantagens comparativas" e de benefícios mútuos do comércio internacional, ou da interpretação realista, para quem as políticas imperialistas seriam mera expressão da balança de poder, isto é, um processo pelo qual os Estados mais poderosos tentam realizar mudanças em seu favor na competição com as demais potências. Os teóricos globalistas do imperialismo procuram dar explicações alternativas, especialmente para o emprego do poder militar a serviço da acumulação do capital, processo que atingiu seu ápice entre o final do século XIX e o início do século seguinte.

Uma das primeiras contribuições à teoria do imperialismo foi elaborada por Hobson em 1902, no livro *Imperialism: A Study*[81]. Ele adota uma visão não determinista do fenômeno, pois considera que os investimentos no militarismo, na guerra ou na diplomacia inescrupulosa e arriscada resultaram de escolhas políticas, e não de determinismos econômicos ou naturais. Apesar de negar o materialismo histórico por considerá-lo uma forma de reducionismo econômico, sua explicação do imperialismo aceita que há certas dinâmicas econômicas por trás da decisão política de expandir o capitalismo dos países de maior desenvolvimento capitalista para outras regiões do mundo. Em particular, o autor enfatiza que as sociedades capitalistas do mundo desenvolvido enfrentavam três problemas inter-relacionados, na passagem do século XIX para o século XX: superprodução, subconsumo por parte dos trabalhadores e altas taxas de acumulação de capital pelos proprietários. Diante disso, era necessário buscar novas oportunidades econômicas. O excesso de bens produzidos não podia ser consumido pelos trabalhadores, devido aos baixos salários que permitiam as altas taxas de acumulação capitalista. De outro lado, investir em outros mercados desenvolvidos não era viável, pois os demais países europeus e os Estados Unidos passavam pelo mesmo problema. A solução foi buscar novos mercados consumidores e oportunidades de investimentos em países da Ásia, América Latina e África, posteriormente chamados de "Terceiro Mundo" ou "mercados emergentes". Para Hobson, esses investimentos estrangeiros precisavam ser protegidos de forma a assegurar o lucro capitalista, o que gerava a pressão econômica para a intervenção política e militar nos países sujeitos ao imperialismo. Em sua visão crítica, o teórico entendia que essas políticas não beneficiavam toda a população do país imperialista, mas sim determinados grupos particulares, como industriais, financistas e agentes da burocracia colonial. Em suas palavras, o imperialismo é um vasto sistema de alívio externo para as classes superiores. Além disso, levou à competição e à rivalidade entre as principais potências europeias, sendo, por isso, uma causa importante das guerras entre elas. Muitas vezes, Hobson é visto como parte do paradigma liberal, por defender uma combinação de livre-comércio e democracia como forma de criar uma ordem internacional próspera e pacífica. Porém, seu pensamento foi muito importante para as reflexões globalistas sobre o imperialismo.

Outro trabalho fundamental nesse campo foi o livro *O Capital Financeiro*, de Rudolf Hilferding, de 1910.[82] Membro de um círculo de autores socialistas favoráveis à interpretação mais econômica da obra de Marx, sua principal contribuição foi analisar a transformação do capitalismo competitivo e liberal, até meados do século XIX, e o capitalismo monopolista e financeiro desenvolvido na Europa a partir dos anos 1860. De acordo com ele, o capitalismo

81 HOBSON, John. *Imperialism: A Study*. Ann Harbor: Michigan University Press, 1972.

82 HILFERDING, Rudolf. *O Capital Financeiro*. São Paulo: Nova Cultura, 1985.

financeiro podia ser considerado "a fase superior do capitalismo", na qual eram unificados os interesses industriais e bancários, sob domínio destes últimos, em detrimento dos interesses mercantis. A concentração dos bancos e sua associação com as indústrias elevavam o capital financeiro ao topo do poder por meio da formação de cartéis, trustes, associações monopolistas ou fusões, ao mesmo tempo que o capital comercial baseado na competição econômica sofria um enfraquecimento inédito na história do capitalismo. Em relação ao papel do Estado, a nova fase substituía as demandas liberais de redução do perfil mercantilista e intervencionista dos governos por uma nova forma de Estado, mais centralizado e capaz de garantir a prevalência dos interesses unificados em torno do capital financeiro. Em particular, na nova fase tornava-se mais importante a política colonial, uma expansão do território econômico que dependia da crescente violência estatal para incorporar novos mercados e trabalhadores. A própria diplomacia assume como função primordial representar o capital financeiro, somando às armas puramente econômicas dos capitalistas os instrumentos político-comerciais de um Estado fortalecido e colonialista. Porém, como ressalta Hilferding, o empenho colonial aumenta o antagonismo entre as grandes potências econômicas e atinge suas relações recíprocas, as quais se encaminham para a solução violenta dos conflitos armados.

A principal obra de referência entre os teóricos marxistas do imperialismo é o livro *Imperialismo: Fase Superior do Capitalismo*,[83] publicado durante a Primeira Guerra Mundial. A teoria de Lênin enfatiza as contradições entre as nações capitalistas, vistas como causas determinantes da guerra e como condições propícias para desencadear a revolução internacional que levaria à superação do capitalismo. Sua explicação combina elementos do pensamento de Marx às argumentações de Hobson e Hilferding. Para Lênin, a expansão do capital monopolista em direção a novos mercados era um elemento de estabilização dos mercados desenvolvidos, diante das crises de superprodução que haviam gerado a Grande Depressão de 1875 a 1893. A exportação do capital excedente garantia a reprodução do capital, porém essa expansão levava à superposição dos interesses das nações capitalistas, tendo como resultado a guerra interimperialista. A teoria leninista também combina os antagonismos de classe (proprietários e proletários) e as contradições entre as nações capitalistas (opressoras e oprimidas). Sua principal contribuição aos estudos marxistas foi a consideração dos Estados e de suas relações internacionais como parte das contradições da expansão do capitalismo. Para ele, as contradições de classe e estatais integram-se no capitalismo financeiro monopolista, fase à qual deu o nome de "imperialismo". A Primeira Guerra Mundial, nesse sentido, representaria a crise terminal do próprio sistema capitalista.

Durante um longo período, o conceito de "imperialismo" foi sendo menos utilizado e tornou-se mais frequente falar em "globalização", conceito de conotação menos coercitiva. No entanto, nas últimas duas décadas os episódios de intervenções militares pelas principais

83 LÊNIN, Vladimir. *O imperialismo:* fase superior do capitalismo. São Paulo: Global, 1982.

potências capitalistas deram novo fôlego às teorias do imperialismo. Em consequência, temas como império, imperialismo e globalização estão entre os principais assuntos discutidos por autores globalistas contemporâneos. Para alguns teóricos, a globalização implica a amplificação dos poderes das forças capitalistas, a volatilidade do capital (especialmente do capital financeiro) e o poder disciplinador dos investidores sobre os Estados e as sociedades. As novas formas de imperialismo e a globalização geram importantes efeitos na formação das classes sociais e na organização social da produção no plano global. A seguir, serão apresentados três exemplos dessas interpretações contemporâneas sobre os fenômenos do "imperialismo" e da "globalização" neste início de século XXI.

Ellen Wood, no livro *Empire of Capital*,[84] denomina a fase contemporânea "o império do capital". O que significa "imperialismo" nos dias de hoje, quando praticamente não existem conquistas coloniais nem impérios formais? Para Wood, assistimos a uma nova forma de imperialismo, diverso do "império da propriedade", cuja essência era baseada no domínio militar sobre o território (por exemplo, nos casos dos impérios romano, chinês e espanhol), mas também diverso do "império do comércio", baseado no controle dos fluxos comerciais, mais do que no controle territorial (como nos casos dos impérios árabe-muçulmano, veneziano e holandês). O império do capital, por sua vez, necessita do apoio funcional de um sistema de Estados independentes, os quais são essenciais para a expansão do próprio capital global. Entretanto, o novo imperialismo intensifica as contradições entre, de um lado, as relações econômicas mediadas pelos mercados globais, e, de outro, a continuidade das formas de organização do poder político e social em torno de Estados nacionais. Ou seja, é necessário prestar atenção especial às novas contradições entre o expansionismo econômico, que não respeita fronteiras nacionais, e as formas territoriais de autoridade política, das quais o modo capitalista de produção depende para garantir a estabilidade social e a própria reprodução política do sistema. A nova forma de imperialismo, segundo Wood, expõe essa contradição de modo extremo, pois requer uma ação militar que não tem fim em termos de propósito e de tempo. Para ela, uma manifestação dessa contradição é a busca de supremacia militar por parte da maior potência capitalista do planeta, os Estados Unidos, que procura responder às contradições entre capitalismo global e poder político nacional perseguindo o controle sobre o sistema internacional de modo a garantir as condições de lucratividade das firmas sediadas naquele país, mas opera no plano da economia mundial. As dificuldades dos Estados Unidos no Afeganistão, segundo ela, ou no Iraque, após a publicação do livro, demonstram alguns impasses inerentes ao novo imperialismo.

84 WOOD, Ellen. *Empire of Capital*. London: Verso, 2003.

Outra reflexão teórica contemporânea encontra-se no livro *A Theory of Global Capitalism – Production, Class, and State in a Transnational World, de William Robinson.*[85] Para ele, vivemos uma verdadeira transformação de época, na qual a maior parte do globo terrestre encontra-se integrada ao mercado capitalista mundial. As relações de produção pré-capitalistas dão lugar à mercantilização da força de trabalho e das demais condições da vida material. Os circuitos nacionais de acumulação de capital são incorporados aos circuitos globais, por meio da globalização comercial, produtiva e financeira, dando origem à formação de uma classe capitalista transnacional. Com relação ao Estado, pode-se observar a gradual emergência de um "Estado transnacional", aspecto político e regulatório da ordem capitalista global. O projeto hegemônico do Consenso de Washington é visto como um símbolo dessa transformação histórica do capitalismo mundial. No entanto, para o autor, não se deve confundir a situação atual com uma espécie de vitória do capitalismo, como é veiculado por certas interpretações liberais. Robinson reconhece a importância de fenômenos de base nacional e, assim como Wood, enfatiza a persistência de contradições entre aspectos nacionais e globalizantes do capitalismo, aspecto contemporâneo ainda mais importante. O resultado mais visível dessas contradições é a recorrência de crises no próprio sistema de acumulação e de tensões políticas entre frações do bloco capitalista global ou deste com as enormes parcelas da população mundial que são marginalizadas política e economicamente desse novo sistema global de poder.

O terceiro exemplo da literatura contemporânea é o livro *Império*, de Michael Hardt e Antonio Negri.[86] Embora o imperialismo tradicional tenha chegado ao fim, para eles o conceito de "império" continua a fazer sentido, embora com novo significado: "em contraste com o imperialismo, o Império não estabelece um centro territorial de poder, nem se baseia em fronteiras ou barreiras fixas".[87] Os autores falam de uma transição histórica global, de uma ordem baseada em sistemas territoriais de autoridade característicos da modernidade (e do imperialismo), para um império que se constitui como aparelho de "descentralização" e "desterritorialização". A globalização e a informatização dos mercados mundiais, fenômenos ocorridos nas últimas décadas do século XX, deram origem ao declínio progressivo da soberania estatal moderna. Nesse novo sistema global de poder surgem redes de produção, governança e controle baseadas nas tecnologias da informação. O conceito de "império" inclui quatro aspectos principais: (i) seu poder não tem limites territoriais; (ii) ele apresenta-se como uma forma histórica definitiva, sem limites temporais; (iii) o poder do império funciona em todos os registros da vida social; (iv) apesar de usar de modo contínuo a violência real, o conceito dedica-se à paz universal e perpétua, o que indica uma contradição evidente desse novo regime de poder global.

---

85 ROBINSON, William. *A Theory of Global Capitalism* – Production, Class, and State in a Transnational World. Baltimore: Johns Hopkins University Press, 2004.

86 HARDT, Michael; NEGRI, Antonio. *Império*. Rio de Janeiro: Record, 2000.

87 HARDT e NEGRI, 2000, p. 12.

Além de uma interpretação do mundo contemporâneo, o livro também traz uma defesa das possibilidades de transformação política. Se o mundo social em que vivemos é produto da subjetividade humana, ele está sujeito à transformação social pelos agentes que o constroem. A atual fase da globalização (isto é, o Império) resulta da ação de seres humanos autônomos. O conceito central para capturar essa nova forma de subjetividade é o de "multidão", definido como a força produtiva real do nosso mundo social. A multidão é caracterizada também como uma forma de subjetividade humana global, produtiva e rebelde. Como os reais produtores do mundo pós-moderno do Império, a multidão também é potencialmente capaz de transformá-lo no sentido de uma liberação ou emancipação global. Apesar das inúmeras críticas recebidas pelo livro, muitos estudiosos e pessoas ligadas a movimentos sociais são particularmente atraídos pela ideia de que, sendo o novo sistema de poder global, onipresente, difuso e resultante das ações produtivas da multidão, isso significa que o centro virtual desse Império pode ser atacado de qualquer ponto. Assim como os demais autores globalistas, Hardt e Negri também estão preocupados com a produção de uma reflexão teórica que seja ao mesmo tempo crítica e voltada para a transformação revolucionária da realidade capitalista global.

2.3.2 Teorias da dependência

Uma das vertentes mais originais do globalismo foi produzida pelos teóricos da dependência, conhecidos desse modo por sua preocupação fundamental com o problema de explicar por que os países da América Latina e de outras regiões do Terceiro Mundo não se desenvolviam como outros países. O que explica o subdesenvolvimento? A tese central que se extrai de um conjunto de elaborações teóricas e pesquisas empíricas é a de que as assimetrias de desenvolvimento econômico explicam-se pelo processo histórico através do qual são produzidas as relações de dependência e, consequentemente, o próprio fenômeno do subdesenvolvimento. Em outras palavras, o subdesenvolvimento resulta de complexas relações econômicas internacionais constituídas historicamente, as quais impedem a existência de um desenvolvimento autônomo; ele é um produto das dinâmicas empreendidas pelas forças produtivas globais, em especial das economias centrais do capitalismo, que constrangem as escolhas daqueles países e resultam em uma estrutura de dominação, em que cabe aos países periféricos um papel subordinado no capitalismo mundial.

Os teóricos da dependência tratam os problemas do desenvolvimento e subdesenvolvimento com uma abordagem sistêmica, ou melhor, integrando os níveis de análise doméstico e global a suas explicações. Eles enfatizam as dinâmicas do sistema capitalista mundial, como as pressões e necessidades dos Estados capitalistas centrais e dos atores não estatais, as empresas transnacionais, os bancos internacionais e os organismos econômicos multilaterais. Surgida entre as décadas de 1950 e 1960, seus autores adotam uma abordagem pluridimensional, pois buscam analisar conjuntamente economia, política e sociedade, e multidisciplinar, devido às diferentes formações desses teóricos. Além disso, cabe observar que esse movimento intelectual surgiu como uma crítica à chamada "teoria da modernização", segundo a qual os países subdesenvolvidos não logravam alcançar o desenvolvimento devido a determinadas caracteríticas e processos domésticos, os quais supostamente dificultavam a transição das sociedades tradicionais desses países para a modernidade. Enquanto os teóricos da modernização previam que, uma vez superados esses obstáculos, seria possível a essas sociedades desenvolver-se e alcançar níveis de bem-estar como os existentes nos países industrializados, os teóricos da dependência rejeitavam essa visão e ofereciam explicações distintas para o subdesenvolvimento. As primeiras elaborações e pesquisas ocorreram no âmbito da Comissão Econômica para a América Latina (Cepal, criada em 1948) e da Conferência das Nações Unidas para o Comércio e o Desenvolvimento (*United Nations Conference on Trade and Development – UNCTAD*).

As teorias da dependência desenvolveram-se a partir das contribuições de autores latino-americanos, como Raúl Prebisch, Celso Furtado, Theotonio Dos Santos e Fernando Henrique Cardoso, entre outros. De início, o foco desses estudiosos era mais restrito, pois eles enfatizavam os fatores econômicos que se encontravam na raiz do subdesenvolvimento. De acordo com Prebisch, um dos pioneiros dessa interpretação, a estrutura das relações econômicas vigentes entre os países do centro e da periferia tendia a reproduzir as condições de subdesenvolvimento e, mais ainda, a aumentar a assimetria entre os países desenvolvidos e os periféricos. A chave principal para a explicação do desenvolvimento desigual estava na ideia de "deterioração dos termos de troca". Ao longo do tempo, a mudança nos preços relativos dos produtos manufaturados e dos produtos primários tendia a privilegiar os primeiros, prejudicando as relações comerciais dos países latino-americanos, que importavam bens industrializados e exportavam produtos agrícolas e minerais. As ideias de Prebisch apresentavam-se como críticas às teorias liberais do comércio, como a teoria clássica de David Ricardo e o modelo das vantagens comparativas de Hecksher-Ohlin, as quais prescreviam a especialização dos países nos bens produzidos com maior competitividade. Ao contrário das prescrições dessas teorias, Prebisch fornecia sustentação teórica para as políticas de incentivo à industrialização pela substituição de importações, que já vinham sendo postas em prática por diversos governos latino-americanos desde os anos 1930, em decorrência da Grande Depressão mundial. Apesar do caráter heterodoxo de suas prescrições, esses primeiros modelos da teoria da dependência vinculavam-se muito mais ao pensamento keynesiano do que às interpretações críticas do marxismo ou mesmo das teorias do imperialismo.

Outros teóricos transcenderam as argumentações iniciais de fundo econômico, acrescentando-lhes a importância dos fatores políticos e sociais. No livro *Dependência e Desenvolvimento na América Latina*,[88] por exemplo, Fernando H. Cardoso e Enzo Falleto argumentam

88 CARDOSO, Fernando; FALETTO, Enzo. *Dependencia y Desarrollo em América Latina:* ensayo de interpretación sociológica. Buenos Aires: Siglo XXI, 2005.

que as diversas fases do desenvolvimento vividas por diferentes países e regiões tinham dupla determinação, uma externa e outra interna. Quanto às dinâmicas externas, eles destacam a existência de uma divisão internacional do trabalho que se reflete na estrutura centro-periferia, categorias explicativas funcionais válidas enquanto perdurar a estrutura de desenvolvimento capitalista associado. Quanto às dinâmicas domésticas, eles atribuem responsabilidade aos sistemas locais de exploração e coerção pela construção histórica das relações de dependência. Utilizando um vocabulário mais próximo da terminologia marxista, eles identificaram a existência de vínculos entre as classes sociais de países distintos, com interesses comuns. Nesses termos, as forças domésticas também devem ser levadas em conta para explicar o fenômeno do subdesenvolvimento, embora a importância dessas dimensões internas varie de acordo com o país em análise.

Em sentido semelhante, Theotônio dos Santos define o conceito de "dependência" como uma situação na qual determinado número de países tem suas economias condicionadas pelo desenvolvimento e pela expansão de outro. A dependência faz com que os países subdesenvolvidos permaneçam em uma posição de sujeição e exploração pelos países dominantes. Em vez de ser simplesmente o resultado de carências ou processos domésticos, o que explica o fenômeno do subdesenvolvimento é a existência de um mecanismo de extração do excedente produzido pela periferia, por meio do intercâmbio desigual, da ação das empresas multinacionais e da hegemonia dos países capitalistas centrais. Isso significa que o conceito de "exploração", oriundo da tradição marxista, é aplicável às próprias relações econômicas internacionais. É somente por meio da análise combinada dos processos domésticos e transnacionais (ou globais) que se pode compreender o fenômeno do subdesenvolvimento ou do menor desenvolvimento relativo. A análise das dinâmicas próprias do sistema capitalista mundial permitem explicar o porquê da estagnação econômica da periferia, das dificuldades na balança de pagamentos e da deterioração dos termos de troca. É nesse sentido que as teorias da dependência são consideradas uma importante vertente da perspectiva globalista das relações internacionais. A partir dos anos 1970 elas passaram a ser difundidas também em outros centros de produção intelectual, como os Estados Unidos e a Europa.

2.3.3 Teoria do sistema-mundo

Immanuel Wallerstein é o principal representante da teoria do sistema-mundo (em inglês, *world-system theory*). Sua abordagem histórica e estrutural do capitalismo apresenta uma série de conceitos e argumentos associados às relações internacionais, embora não definida do modo convencional, simplesmente como relações entre Estados ou como o estudo do sistema internacional. Para ele, o sistema de Estados é apenas uma estrutura institucional, ou plano de análise, entre diversas outras dimensões que, integradas, constituem o sistema-mundo moderno. A primeira distinção conceitual importante diz respeito à diferença entre "economia-mundo" e "economia mundial". Este último implica a existência de uma série de economias de escopo nacional, as quais mantêm limitados vínculos comerciais entre si. A soma desses contatos dá origem a uma economia internacional, e aqueles que utilizam o conceito costumam afirmar que esses contatos se expandiram durante o século XX e deram origem à noção de economia mundial globalizada, pelo aprofundamento dos vínculos entre as economias nacionais. Mas o conceito que interessa a Wallerstein e seus colegas é o de "economia-mundo", o qual supõe que existe uma "economia" se, e somente se, existe uma contínua, extensiva e relativamente completa divisão social do trabalho e uma integração dos processos produtivos (entre os diversos espaços tradicionalmente definidos como "nacionais"). As fronteiras nacionais, no fundo, não são fundamentais para se pensar na formação do capitalismo enquanto sistema social. Nesse sentido, a economia-mundo capitalista não é uma novidade do século XX. Ela é uma realidade, pelos menos em parte do globo terrestre, desde o século XVI, possuindo raízes espaciais e temporais bem localizadas.

O sistema-mundo capitalista possui uma lógica e um conjunto de regras singulares dentro das quais as pessoas e os grupos lutam entre si, utilizando essas lógicas e regras para atingir seus interesses de acordo com seus valores. Em outras palavras, ele possui uma estrutura única e integrada, econômica e politicamente, sob a lógica da acumulação capitalista e suas regras. O capitalismo organiza-se no tempo e no espaço, e é importante compreendê-lo em sua evolução histórica, bem como em sua distribuição espacial. Além disso, o sistema capitalista é regido por uma série de "leis de movimento" que levam à exploração das economias periféricas pelas economias centrais, isto é, sua própria lógica leva ao desenvolvimento desigual entre as diferentes regiões envolvidas num dado momento. Assim, por meio dos estudos gerados por essa perspectiva teórica, muito se tem discutido sobre a origem do capitalismo na Europa há cerca de quinhentos anos e sobre a sua expansão até se tornar efetivamente global. As ideias de "sistema-mundo" e "economia-mundo" foram elaboradas pelo historiador francês Fernand Braudel, mas foi a partir de sua assimilação por autores como Wallerstein, Christopher Chase-Dunn, Craig Murphy e Giovanni Arrighi, entre tantos outros, que esses conceitos foram incorporados às discussões teóricas das RI.

Um dos pontos mais conhecidos dessa teoria é a tese central de que existe a produção de uma organização espacial do sistema-mundo, de onde surgem os conceitos de "centro", "semiperiferia" e "periferia". As áreas centrais concentram-se nas atividades econômicas mais avançadas, isto é, naquelas que agregam maior valor aos bens produzidos ou aos serviços prestados, como atividades bancárias, industriais ou mesmo setores agrícolas com maior incorporação de tecnologia, entre outras. As áreas periféricas, por sua vez, fornecem basicamente as matérias-primas e outras commodities para a expansão econômica do centro capitalista, concentrando-se em atividades com baixa tecnologia, como nos setores agrícolas e de extrativismo mineral. Em uma área intermediária encontra-se a semiperiferia, envolvida em uma mescla de atividades produtivas, algumas delas associadas às areas centrais e outras às periféricas. Na divisão de funções do sistema-mundo, a semiperiferia também exerce outros papéis, como servir de círculo auxiliar de valorização do capital, isto é, de segunda opção para os investimentos que não mais obtêm altas taxas de lucratividade no centro, porque os salários, a terra ou outros custos são muito altos nas áreas mais desenvolvidas, por exemplo. O esquema centro-semiperiferia-periferia conduz a outros conceitos adicionais, como a ideia de variação nas estruturas de classe, que são diferentes em cada uma dessas áreas, de acordo com o modo de articulação com as outras regiões do sistema-mundo. Existem diferenças entre as diferentes classes sociais (financistas, industriais, trabalhadores), bem como dentro de uma mesma classe, de acordo com a região em que se encontram os trabalhadores, os industriais etc. A divisão do trabalho característica do sistema capitalista não apenas requer a desigualdade entre as regiões para funcionar adequadamente de acordo com sua lógica de acumulação, como também favorece o aumento dessas desigualdades regionais.

Para os teóricos do sistema-mundo, o conceito de "sistema internacional", tal como definido tradicionalmente na teoria das relações internacionais, é apenas uma dimensão ou nível de análise do que constitui o mundo moderno. A análise da geopolítica só pode ser realizada no contexto do funcionamento do sistema-mundo moderno como um todo e, além disso, dentro de sua trajetória histórica particular. Essa vertente do globalismo busca incorporar a análise dos Estados, porém eles são incorporados pela teoria em termos das funções que cumprem no sistema, o que significa que eles são concebidos primordialmente como "correias de transmissão" dos interesses das classes dominantes e "estrutura regulatória" das necessidades de expansão do capitalismo mundial. Seguindo a mesma lógica, as oscilações na distribuição do poder dentro do sistema internacional são uma função da dinâmica do movimento do capital em nível global. Os comportamentos dos Estados são condicionados pela posição que ocupam na divisão internacional do trabalho e, na expressão de Wallerstein, "os Estados são empregados do sistema capitalista mundial". O que se observa, nos termos dessa vertente teórica, é uma articulação funcional entre o capitalismo e as superestruturas políticas do Estado e do sistema internacional.

Por isso, os globalistas têm dado inúmeras contribuições ao esforço de compreensão da produção histórica dessas superestruturas como formas sociais tipicamente modernas, mas articuladas ao desenvolvimento do sistema-mundo capitalista. Um excelente exemplo é o livro *O longo século XX: dinheiro, poder e as origens de nosso tempo*, de Giovanni Arrighi.[89] Utilizando diferentes inspirações teóricas, que vão de Karl Marx e Max Weber a Fernand Braudel e Immanuel Wallerstein, passando por Adam Smith, John Ruggie, Perry Anderson e muitos outros, o autor sustenta uma tese semelhante à de Rosenberg. Para Arrighi, existe uma convergência ou afinidade eletiva entre o desenvolvimento do capitalismo no norte da Itália, a partir do século XIV, e o surgimento de um sistema de unidades territoriais soberanas, cujos

89 ARRIGHI, Giovanni. *O longo século XX*: dinheiro, poder e as origens de nosso tempo. São Paulo: Contraponto/Unesp, 1996.

princípios e regras foram estabelecidos pela interação dos agentes territoriais e capitalistas. Por meio da lógica da acumulação e da noção de ciclos econômicos, Arrighi explica o deslocamento dos centros de poder econômico mundial ao longo de vários séculos, através da análise das redes de produção, comércio e poder. Com isso, ele identifica quatro ciclos sistêmicos de acumulação – o genovês, em associação com o poderio espanhol, no século XVI; o holandês, entre os séculos XVII e XVIII; o britânico, durante o século XIX e o início do século XX; e o norte-americano, desde meados do século passado – associando-os aos ciclos de expansão e declínio econômico relacionados a fatores como comércio, investimento e tecnologia. O livro de Arrighi é um exemplo de articulação inteligente entre diferentes contribuições teóricas, mas sua principal fonte de inspiração está na abordagem do sistema-mundo de Braudel e Wallerstein. Acima de tudo, entretanto, a intenção de mencioná-lo é concluir este capítulo com uma ótima sugestão de leitura.

Questões para discussão

1. Quais são as contribuições específicas de cada um dos precursores da perspectiva realista sobre as relações internacionais? Aponte exemplos de sua incorporação pelas vertentes do realismo apresentadas nos itens 2.1.1 a 2.1.3.
2. Qual é a importância de conceitos como "poder", "balança de poder", "dilema de segurança" e "anarquia internacional" para as perspectivas realistas sobre a política internacional? Apresente possíveis aplicações desses conceitos a situações históricas ou contemporâneas.
3. Quais são as principais diferenças entre os principais autores do "realismo clássico" e as duas vertentes do "realismo estrutural" apresentadas? Discuta as implicações dessas diferenças para a análise das relações internacionais.
4. Diferencie as três vertentes contemporâneas do realismo ("realismo estrutural defensivo", "realismo estrutural ofensivo" e "realismo neoclássico"). Selecione determinados fenômenos das relações internacionais contemporâneas e discuta a possível aplicação de alguma delas.
5. Quais são as três principais formas de liberalismo na disciplina e qual foi a importância dos principais precursores para cada uma delas?
6. Quais são os elementos principais da visão de mundo compartilhada pelos internacionalistas liberais e como ela se diferencia das perspectivas realistas sobre as relações internacionais?
7. Em que medida os teóricos da interdependência complexa e do institucionalismo neoliberal buscaram superar os impasses percebidos pelas correntes funcionalistas anteriores?

8. Quais são as contribuições e promessas das principais vertentes contemporâneas do internacionalismo liberal? Qual é o peso dos contextos acadêmico e histórico sobre as características dessas novas vertentes?
9. Pesquise e enumere as contribuições do pensamento de Marx ao desenvolvimento das perspectivas globalistas. Discuta a relação entre seus *insights* e conceitos e as vertentes do imperialismo/globalização, dependência e sistema-mundo.
10. Aponte as principais contribuições das perspectivas globalistas para a compreensão da atual fase de desenvolvimento do capitalismo mundial e das relações interestatais nesse contexto mais amplo.

Para saber mais

DOYLE, Michael. *Ways of War and Peace: Realism, Liberalism, and Socialism*. New York: WW Norton, 1997.

GRIFFITHS, Martin. *50 grandes estrategistas das Relações Internacionais*. São Paulo: Contexto, 2004.

________. (Ed.) *International Relations Theory for the Twenty-First Century:* An Introduction. New York: Routledge, 2007.

MEDEIROS, Marcelo; LIMA, Marcos; VILLA, Rafael; REIS, Rossana (Org.). *Clássicos das Relações Internacionais*. São Paulo: Hucitec, 2010.

VIOTTI, Paul; KAUPPI, Mark V. *International Relations Theory:* realism, pluralism, globalism, and beyond. Needham Heights: Allyn and Bacon, 1999.

CAPÍTULO 3

AS PRINCIPAIS PERSPECTIVAS TEÓRICAS CONTEMPORÂNEAS (I): TEORIA CRÍTICA E CONSTRUTIVISMO SOCIAL

O modo mais abrangente de caracterizar o quarto grande debate é referir-se à oposição entre o positivismo e o pós-positivismo, ainda que haja outras caracterizações possíveis. Trata-se de um exame das fundações ontológicas, epistemológicas e axiológicas do empreendimento científico, por isso, as autoimagens contemporâneas da disciplina enfatizam as profundas divergências entre as diferentes perspectivas teóricas do campo – mas não é apenas uma discussão sobre as diferentes visões de mundo, como ocorreu nas décadas anteriores ao final da Guerra Fria.

O quarto debate diz respeito à natureza da realidade internacional (isto é, a sua própria ontologia) e, sobretudo, às possibilidades e maneiras pelas quais os estudiosos (talvez) possam estudá-la (ou seja, estudar seus fundamentos epistemológicos). Nesse debate também são discutidas as implicações práticas e éticas das elaborações teóricas veiculadas na disciplina, pois as novas abordagens ajudaram a consolidar a noção de que os discursos teóricos são elementos constitutivos da realidade.

É nesse sentido que se pode falar de uma expansão filosófica da disciplina, na medida em que houve uma elevação do nível de abstração, passando do predomínio das discussões teóricas para as discussões metateóricas. Isso significa que a própria tarefa de construir e validar teorias assume o centro do debate, o que, por sua vez, pressupõe um tipo também diverso de interação linguística. Já não se trata de discutir questões conceituais ou teóricas, mas de promover uma virada filosófica na disciplina, passando a discutir os próprios fundamentos das tarefas de construção e validação das teorias – o que implica questionar se é realmente possível construir teorias válidas sobre as relações internacionais. As novas abordagens unem as críticas das mais variadas perspectivas pós-positivistas, com destaque para a teoria crítica, o construtivismo social, o pós-modernismo, o pós-estruturalismo, as perspectivas de gênero e o pós-colonialismo. As duas primeiras serão exploradas neste capítulo; as demais compõem o conteúdo do Capítulo 4. A lógica de desenvolvimento, no entanto, é a mesma: cada uma das seções e suas subseções exploram as principais fontes de inspiração e as contribuições essenciais de cada uma das novas perspectivas teóricas.

3.1 Teoria crítica

Embora no pensamento ocidental a atividade crítica remonte pelo menos ao século XVIII, em especial a partir de Kant, Hegel e Marx, foi a partir do século XX, com a Escola de Frankfurt, que a ideia de uma "teoria crítica" passou a ser associada aos questionamentos filosóficos da ordem social e política moderna. Filósofos como Max Horkheimer (1895-1973), Theodor Adorno (1903-1969), Walter Benjamin (1892-1940), Herbert Marcuse (1898-1979), entre outros, difundiram a ideia de uma crítica imanente à sociedade e ao conhecimento. No caso da teoria das RI, a teoria crítica foi introduzida no princípio dos anos 1980, introduzindo esses e outros autores preocupados em elaborar uma crítica da sociedade moderna e do conhecimento orientado pelo positivismo científico. O impacto dos teóricos críticos na disciplina foi revolucionário, embora seja difícil avaliar objetivamente sua dimensão, até porque a abertura provocada por eles sinalizou novos caminhos que foram seguidos por outras abordagens pós-positivistas. Para diferenciá-la das demais abordagens, muitas vezes suas iniciais são escritas em maiúsculas (Teoria Crítica), o que parece desnecessário neste livro, que traz uma seção voltada para ela.

É possível identificar pelo menos duas vertentes principais da teoria crítica nas RI. A primeira delas tem como principal expoente Robert Cox, responsável pela introdução da teoria crítica na disciplina ainda no início dos anos 1980. Suas principais fontes de inspiração estão nas obras de pensadores como Giambattista Vico (1668-1774) e Antonio Gramsci (1891-1937), mas Cox também popularizou a distinção entre a "concepção tradicional de teoria" e a "concepção crítica de teoria", elaborada por Horkheimer e Adorno e explicada mais adiante. A segunda vertente da teoria crítica nas RI tem como representante principal Andrew Linklater, responsável pela elaboração de uma abordagem mais influenciada pela segunda geração dos filósofos de Frankfurt, em especial por Jürgen Habermas (1929-), conhecida como teoria crítica cosmopolita, por sua defesa de uma ética do diálogo que permita a construção de valores consensuais para a convivência global. A vertente associada a Cox propõe a utilização crítica do método do materialismo histórico com base na relação dialética entre a consciência e as circunstâncias materiais, enfocando questões como o papel social das ideologias, as estruturas de produção e a hegemonia na ordem mundial. A segunda vertente enfatiza a centralidade da linguagem e da comunicação na construção social da realidade, caminho aberto por Habermas para a reconstrução do materialismo histórico.

Os teóricos críticos sustentam que tanto a realidade internacional, com suas estruturas políticas, econômicas e sociais, como as TRI, com seus conceitos, premissas e argumentos, são construções no tempo e no espaço e, portanto, entidades históricas. Não existem leis sociais imutáveis que possam ser desvendadas pelos estudiosos, e os teóricos críticos chamam a atenção para os próprios limites da razão, que também é condicionada historicamente. A frase mais conhecida de Cox é "Uma teoria é sempre para alguém e para algum propósito",[1] e, nesse sentido, os debates teóricos da disciplina carregam consigo a diversidade de preferências normativas existentes no mundo acadêmico, em particular, e na política mundial, em sentido mais amplo. Toda teoria é interessada em determinado estado de coisas, toda teoria possui um viés normativo, que pode ser conservador ou então interessado na mudança social, como é o caso dos teóricos críticos. A pretensão do positivismo científico de estudar o mundo como ele é, a partir de conceitos estáveis e capazes de capturar aquilo que é permanente ou recorrente, esconde um viés conservador das próprias teorias. As duas subseções a seguir apresentarão alguns conceitos e argumentos centrais de cada uma dessas vertentes, tendo como principais referências as contribuições de Cox e Linklater, respectivamente.

O Instituto de Pesquisa Social de Frankfurt, fundado em 1924, é um ponto de referência para o pensamento filosófico do século XX e para todas as disciplinas das ciências sociais. Embora seus principais pensadores se mantivessem fiéis ao espírito contestador do paradigma da produção de Marx e Engels, dentro do qual eram centrais as relações de produção capitalistas e a luta de classes gerada como parte de suas próprias contradições, Horkheimer e Adorno indicaram novos caminhos para o marxismo europeu ao realçar que a centralidade da produção

1 COX, Robert. Social Forces, States, and World Orders: Beyond International Relations Theory. In: KEOHANE, Robert (Ed.). *Neorealism and its Critics*. New York: Columbia University Press, 1986.

e do antagonismo de classe não era suficiente para explicar as dinâmicas vividas nos anos 1930, como a exacerbação do nacionalismo e da violência, o surgimento das sociedades fascistas e de Estados totalitários, ou o advento da guerra total. Seus escritos apontavam maior ceticismo diante da crença moderna na emancipação social, que, para o marxismo ortodoxo, ocorreria com a transformação socialista. Em um famoso ensaio de 1937, intitulado "Traditional and Critical Theory", Horkheimer[2] apresentou a distinção entre a concepção tradicional de teoria, que postulava que as teorias sociais serviriam para tornar a administração da sociedade mais eficiente, através da ênfase na racionalidade instrumental e nos padrões sociais repetitivos, e a concepção crítica de teoria, segundo a qual as teorias deveriam fazer uma crítica da sociedade com base nos próprios termos utilizados para descrevê-la e legitimá-la, isto é, cabe aos teóricos realizar uma crítica imanente das ideologias sociais, entre as quais se encontram as teorias positivistas. Uma teoria crítica é autorreflexiva, pois reflete sobre a própria função social, seu método e propósito. Essa distinção tornou-se popular nas RI, embora a concepção tradicional tenha sido chamada por Cox de "teoria de resolução de problemas". Além disso, Horkheimer e Adorno consideravam que o positivismo e a concepção de conhecimento objetivo haviam produzido sociedades burocratizadas e disciplinadas, portanto sujeitas ao controle político que ameaçava o projeto emancipatório moderno do Iluminismo. Para Adorno, com o triunfo da racionalidade instrumental havia emergido uma "sociedade totalmente controlada", e o marxismo soviético parecia confirmar os resultados negativos da ciência social positivista para a pretendida emancipação do indivíduo.

Outras duas fontes de inspiração da teoria crítica de Cox foram o filósofo do século XVIII Giambattista Vico e o cientista político Antonio Gramsci. Para Vico, a reflexão sobre o homem e suas instituições – entre as quais Cox enfatiza o Estado e o sistema internacional – deve partir do reconhecimento de sua contínua transformação histórica. Ou seja, em vez de serem pensados em termos de substâncias ou essências imutáveis, é preciso analisar a mudança incessante da mentalidade humana, a qual é moldada pelas complexas relações sociais nas quais os homens e as instituições sociais estão inseridos. Para Cox, a teoria crítica é teoria da história, não apenas no sentido de estar preocupada com o passado, mas de enfatizar o contínuo processo de mudança histórica. A dialética permanente entre as mentalidades (ou ideologias) e as condições históricas materiais permite à teoria crítica escapar tanto do idealismo ingênuo como do materialismo puro. A visão dialética sobre os conflitos sociais também permite incorporar a possibilidade de transformação que tais conflitos produzem. Em lugar das essências trans-históricas ou da busca por leis causais da sociedade, a teoria crítica defende uma abordagem historicista das origens das estruturas históricas e de sua constante transformação ao longo do tempo.

2 HORKHEIMER, Max. Traditional and Critical Theory. In: HORKHEIMER, Max. *Critical Theory:* Selected Essays. New York: Herder & Herder, 1972.

A reconstrução do materialismo histórico defendida por Cox está associada ao pensamento de Gramsci, um dos responsáveis por resgatar a dimensão política das reflexões de Marx, contrária às interpretações economicistas do marxismo ortodoxo. A obra de Gramsci dotou o materialismo histórico de um vocabulário conceitual capaz de lidar com os processos políticos de transformação, abrindo espaço para a teorização crítica. As leituras de Gramsci enfatizam os aspectos mais políticos da obra de Marx, como o lugar das ações, estratégias e ideias dos agentes envolvidos. Além disso, suas análises comparativas enfatizam a importância dos tempos e espaços particulares onde ocorrem os processos históricos estudados. Em particular, a crítica da ideologia contida nas obras de Marx propicia uma visão distinta do marxismo ortodoxo, segundo o qual as ideologias são meras mistificações ou subversões enganosas da realidade concreta e material. Para Gramsci, a ideologia é um terreno de luta. O senso comum popular é um terreno crítico para a luta política, sobretudo porque é um amálgama de ideologias, doutrinas científicas e mitologias sociais. Nesse sentido, o campo ideológico é fragmentário e contraditório, aberto a múltiplas interpretações e essencial para a política de transformação social.

Uma importante fonte de inspiração da teoria crítica – em particular, em sua vertente cosmopolita – é extraída da obra de Habermas. Ao contrário do pessimismo de seus antecessores, o filósofo pretende preservar o ideal emancipatório da ciência social moderna por meio de uma reconstrução do materialismo histórico. Mas como preservar o ideal de emancipação do indivíduo dos desafios do positivismo científico e do curso adotado pelo sistema soviético? Como livrar a sociedade do suposto predomínio da razão instrumental, considerado irreversível pelos diagnósticos pessimistas de Horkheimer e Adorno? Criticando os marxistas ortodoxos, Habermas sustenta que tão importantes quanto as interações sociais produtivas, isto é, voltadas à transformação do mundo material, são as interações por meio das quais os agentes humanos estabelecem seus princípios de organização social. Para ele, a reconstrução do materialismo histórico deveria compreender não apenas o modo como as sociedades utilizam os recursos tecnológicos para satisfazer suas necessidades materiais, mas, sobretudo, como seus membros utilizam a linguagem para atingir certos entendimentos sobre os princípios que os vinculam em torno de certo modo de vida. Habermas pretende complementar o "paradigma da produção" com o "paradigma da comunicação" e, para isso, lança mão da teoria do agir comunicativo, que reconhece a importância da razão comunicativa em lugar da predominância da racionalidade técnica ou instrumental. Para uma asserção ser considerada racional, ela deve preencher as condições necessárias para possibilitar o entendimento com os demais membros de uma coletividade. Para Habermas, o aprendizado na esfera comunicativa é o caminho pelo qual as sociedades são capazes de realizar a possibilidade imanente de maiores graus de liberdade. A criação de uma "ética discursiva", baseada na racionalidade comunicativa em contextos pluralistas, é o caminho para que o diálogo e o consentimento sejam as novas bases para a convivência social, em lugar da dominação e da coerção. A vertente cosmopolita resgata as ideias de Habermas com o intuito de construir uma teoria crítica das relações internacionais.

3.1.1 Poder, conhecimento e hegemonia na ordem mundial

Robert Cox tornou-se conhecido na teoria das RI ainda durante os anos 1980, quando sua perspectiva teórica foi apresentada como alternativa às teorias então dominantes, em particular ao predomínio do positivismo científico. Qualquer teoria contém propósitos, explícitos ou não, e carrega determinada perspectiva particular sobre o mundo, embora uma teoria sofisticada nunca seja apenas a expressão de uma perspectiva, pois reflete sobre ela e a transcende. Entretanto, a perspectiva inicial está sempre presente e é um aspecto relevante para sua explicação. Por isso, não faz sentido a distinção habitual entre teorias empíricas e teorias normativas. Em vez disso, a recém-mencionada categorização de Horkheimer e Adorno é o ponto de partida da argumentação de Cox, que a utiliza para criticar o viés conservador das teorias de resolução de problemas, porquanto elas assumem determinada ordem ou estado de coisas – justamente aquilo que as teorias críticas pretendem questionar. Mesmo sendo normativas, no entanto, as teorias devem sempre partir de uma análise rigorosa das condições históricas existentes. Nas palavras do autor, "para modificar o mundo, precisamos começar por uma compreensão de como ele é, o que significa as estruturas da realidade em torno de nós".[3] Sem compreender as origens históricas das estruturas políticas, econômicas e sociais existentes, bem como suas dinâmicas de transformação ao longo do tempo, não é possível indicar caminhos para a mudança, preocupação fundamental da teoria crítica.

Ocorre que, como aponta Cox, as convenções acadêmicas dividem o mundo social real em esferas separadas, cada qual com sua própria teorização. De fato, trata-se de um modo necessário e prático de adquirir compreensão. Se as partes mantêm-se como objetos limitados e separados ou tornam-se a base para a construção de uma visão estruturada e dinâmica de totalidades, isto é, uma questão de método e propósito. Seja como for, o ponto de partida é alguma subdivisão inicial da realidade, usualmente ditada por convenção. Isso é apenas uma conveniência da mente. Os segmentos que resultam, entretanto, são derivados das práticas, ou seja, das respostas da consciência às pressões da realidade. As subdivisões do conhecimento social podem então corresponder, aproximadamente, aos modos pelos quais os assuntos humanos são organizados em determinados momentos e lugares. Um corolário disso é que, quando as práticas mudam, essas subdivisões parecem cada vez mais arbitrárias. Na visão do autor, a disciplina das RI é um caso exemplar dessa espécie de anacronismo.

Com base nos conceitos de Gramsci, Cox critica a insistência dos estudiosos das RI em tratar do Estado e da sociedade civil como entidades absolutamente distintas. Essa é uma velha convenção, que fez sentido nos séculos XVIII e XIX: de um lado, "um Estado com funções limitadas à manutenção da paz interna, defesa externa e condições requeridas para os mercados"; de outro, "uma emergente sociedade de indivíduos, baseada em relações contratuais e

3 COX, Robert, 1986, p. 242.

de mercado, que substituiu uma sociedade estamental").[4] Na virada do século XX, no entanto, as realidades do Estado e da sociedade civil já se encontravam tão interpenetradas que esses conceitos se tornaram vagos e imprecisos. Segundo o teórico, eles não servem para indicar esferas de atividade distintas. Porém, o Estado permaneceu como um foco central nas teorias das RI, concebido como uma entidade unitária e com equivalência funcional. Em seu lugar, Cox utiliza a ideia de "complexo Estado-sociedade" desenvolvida por Gramsci, segundo a qual as formas de interação entre as instituições estatais e a sociedade civil podem dar origem a diferentes "formas de Estado". Diferentes formas de articulação desse complexo, que ele defende ser a entidade básica das relações internacionais, têm repercussão na realidade internacional, em termos de comportamentos também diferenciados. Esse é um dos elementos centrais da teoria de Cox.

Sua versão da teoria crítica pode ser resumida a um conjunto de conceitos desenvolvidos pelo autor. Primeiramente, ele apresenta a noção de "estrutura histórica", definida como uma configuração particular de forças. Essa estrutura não determina as ações dos indivíduos e grupos de uma dada realidade, pois os agentes humanos podem modificar seus constrangimentos, resistir ou mesmo se opor a eles, mas eles não podem ignorá-la. Mais precisamente, o autor identifica três categorias de forças que interagem em determinada estrutura histórica, influenciando-se reciprocamente, de modo dialético. Essas três categorias são representadas por uma figura triangular, na qual cada um dos vértices influencia e é influenciado pelos outros dois: (i) "capacidades materiais", que ele define como potenciais de produção e destruição, podendo envolver em sua forma dinâmica as capacidades tecnológicas e organizacionais e em sua forma acumulada os recursos naturais, equipamentos e riquezas; (ii) "ideias", que podem ser tanto os significados intersubjetivos compartilhados, que perpetuam hábitos e expectativas de comportamento e tendem a durar longos períodos, como as imagens alternativas de ordem social, que são carregadas por distintos grupos e oferecem caminhos alternativos e eventualmente conflitantes; e (iii) "instituições", que são arranjos estabilizadores de uma dada ordem, porque influenciam os comportamentos sociais e fornecem modos de lidar com os conflitos. O método das estruturas históricas é uma das principais contribuições da teoria crítica de Cox para o estudo das relações globais de poder. O autor ressalta que as mútuas determinações entre essas categorias de forças são variáveis, de acordo com as circunstâncias históricas nas quais elas estão inscritas.

Posteriormente, Cox aplica seu método das estruturas históricas a três "níveis" ou "esferas de atividades". Respeitando sua visão dialética da história, cada uma dessas esferas pode ser estudada como uma sucessão de estruturas históricas rivais dominantes e emergentes. As esferas são assim denominadas e definidas pelo teórico: (i) "forças sociais" geradas pelo processo de produção, isto é, derivadas de certa organização da produção; (ii) "formas de Estado"

4 COX, 1986, p. 204.

derivadas do estudo dos complexos Estado-sociedade mencionados; e (iii) "ordens mundiais", definidas como "configurações particulares de forças que, sucessivamente, definem a problemática da guerra ou da paz para o conjunto de Estados". O que ele propõe é a utilização das três categorias de forças, isto é, das estruturas históricas, a cada uma dessas esferas de atividades. Assim como ocorre com as categorias que compõem determinada estrutura, as três esferas de atividades também possuem implicações mútuas. Com isso, Cox pretende fornecer aos estudiosos alguns conceitos-chave para a reflexão teórica, deixando, no entanto, para a pesquisa histórica a tarefa de dotar cada um desses conceitos de significado concreto. Em vez de partir simplesmente de abstrações teóricas, cabe aos estudiosos partir das realidades históricas para definir o conteúdo dessas estruturas.

Para Cox, a hegemonia corresponde a determinada configuração de capacidades materiais, ideias e instituições. Uma ordem mundial hegemônica resulta da combinação de múltiplas forças políticas, econômicas, militares, ideológicas etc., constituindo uma forma de dominação política distinta da mera dominação pela força. Qualquer ordem hegemônica depende da formação de um consenso intersubjetivo legítimo, conforme Gramsci já havia sustentado a respeito da dominação burguesa das sociedades nacionais. A formação de uma hegemonia depende ainda das concessões feitas pelas classes dominantes, o que significa que a liderança hegemônica deve ser expressa em termos de interesses universais ou gerais, em vez de somente interesses particulares. No plano internacional, a análise das ordens mundiais hegemônicas indica que a potência dominante precisa fazer determinadas concessões ou estabelecer compromissos para poder garantir a aquiescência das potências menores. Ao utilizar o conceito de hegemonia no sentido de Gramsci, Cox analisa a dimensão vertical do poder nas relações internacionais, sem cair na ideia de imperialismo. A hegemonia não é dependente da dominação por um Estado. Com isso, é possível vislumbrar a estabilidade relativa de sucessivas ordens mundiais, bem como os períodos de crise hegemônica, analisando como as transformações estruturais ocorreram no passado e, consequentemente, quais são as possibilidades de mudança estrutural na ordem contemporânea. Cox adota uma abordagem interpretativa (ou hermenêutica) das estruturas sociais, as quais possuem uma existência intersubjetiva e produzem efeitos objetivos na medida em que são tomadas como realidade pelos agentes humanos. A incorporação do papel ativo das mentes humanas na reprodução das estruturas também abre espaço para o potencial de mudança da ordem mundial, preocupação essencial da teoria crítica.

3.1.2 A vertente cosmopolita da teoria crítica e o paradigma da comunicação

A tarefa fundamental assumida por Linklater é a elaboração de uma teoria social da política mundial moderna, desafio que envolve dois aspectos interdependentes, embora passíveis de distinção analítica: um empírico e outro normativo. O primeiro elemento implica a análise sociológica e histórica das estruturas políticas e econômicas da modernidade, enquanto o interesse normativo manifesta-se na recuperação da capacidade de crítica da ordem vigente e na ênfase dada às possibilidades de transformação. O caminho trilhado pelo autor utiliza especialmente as contribuições do pensamento de Habermas para a reconstrução do materialismo histórico. A teoria da ação comunicativa do autor pretende suprir a lacuna deixada pelo marxismo tradicional, que privilegia o modo como as sociedades transformam o mundo material, enfatizando a centralidade da linguagem na constituição de qualquer ordem social legítima. Por meio do agir comunicativo, as comunidades estabelecem entendimentos acerca do modo de organizar as relações sociais em sentido mais amplo, não apenas em relação à utilização dos recursos tecnológicos. Do ponto de vista mais substantivo, esse filósofo contemporâneo tem dado contribuições no sentido de valorizar os esforços para expandir a liberdade humana – como aqueles realizados por movimentos sociais em prol da segurança humana, contra a degradação ambiental ou pela igualdade entre os gêneros – e, em trabalhos recentes, tem discutido a possibilidade da formação de comunidades pós-nacionais, baseadas em noções como cidadania mundial e direito cosmopolita. Inspirado em Habermas, Linklater propõe-se a tarefa de reconstruir os elementos teórico-normativos necessários para fundamentar transformações efetivas na organização da política mundial na modernidade, baseada em comunidades definidas pelos Estados soberanos que compõem o sistema internacional e que legitimam a noção exclusivista e excludente de cidadania. A normatividade da teoria crítica cosmopolita busca afirmar a possibilidade de estabelecer princípios éticos verdadeiramente universais (não etnocêntricos), com base em um diálogo racional que inclua de fato toda a humanidade.

De início, cabe apontar a importância dada pelos teóricos críticos à conexão entre o conhecimento social e os valores políticos, uma vez que a neutralidade científica reivindicada pelas teorias tradicionais é questionada. No livro *Teoria da Ação Comunicativa*[5], de 1984, Habermas estabeleceu uma distinção entre as diferentes formas de racionalidade, com base nos diversos modos como o conhecimento é traduzido em ações sociais. Pode-se dizer que a cada tipo de racionalidade corresponde determinado interesse. A "racionalidade instrumental" preocupa-se com a obtenção de resultados, porquanto se volta ao controle dos resultados em situações não sociais – Linklater afirma que a racionalização técnico-instrumental refere-se ao aprendizado de como controlar a natureza. A segunda forma de racionalidade é denominada "estratégica" e também se refere à preocupação de controlar os resultados, mas em situações sociais – Linklater diz que a racionalização estratégica orienta-se pelo interesse de manipular e controlar os demais atores sociais em condições de conflitos reais ou potenciais. Por fim, a racionalidade "comunicativa" orienta-se pela preocupação em atingir entendimentos pela aceitação racional dos demais membros de uma comunidade, sendo chamada também de "prático-moral", pelo seu interesse na compreensão mútua. Sobre esta última forma

5 HABERMAS, Jürgen. *The Theory of Communicative Action*. Boston: Beacon, 1984.

de racionalidade, Linklater afirma que seu interesse está no aprendizado sobre como construir ordem e consenso sociais.

O primeiro a utilizar a tipologia de Habermas foi Richard Ashley[6], em uma análise crítica dos diferentes interesses por trás das diversas teorias do realismo político. Para ele, existe o "realismo técnico", representado pelo realismo estrutural de Kenneth Waltz e caracterizado pelo interesse em obter conhecimento para que os Estados expandam seu controle sobre um ambiente externo marcado por leis imutáveis, isto é, objetificado. O "realismo prático", exemplificado pela teoria de Hans Morgenthau, evita reificar o sistema internacional e favorece o interesse na obtenção de conhecimento baseado em métodos mais interpretativos, baseados na história, no direito e na moralidade, de modo a privilegiar os princípios e práticas capazes de evitar o conflito e a guerra sempre que possível. Finalmente, Ashley identifica um interesse "emancipatório" (correspondente à racionalidade comunicativa) no realismo de John Herz, o qual se preocupa em obter conhecimento que possa "assegurar a liberdade diante dos constrangimentos não reconhecidos, relações de dominação e condições de comunicação distorcida", recusando-se a adotar a tese da imutabilidade das dinâmicas interestatais. A interpretação de Ashley assumia como propósito explícito a elaboração de uma crítica capaz de transformar as dinâmicas teorizadas pelos realistas.

Depois de Ashley, Linklater adaptou a tipologia das formas de racionalidade de Habermas para analisar criticamente as principais tradições de pensamento da teoria das RI, no livro *Beyond Realism and Marxism*.[7] Além dos dois primeiros tipos (racionalidade técnico-instrumental e estratégica), a terceira forma de racionalidade pode ser subdividida em "racionalização diplomática", em que a comunicação está voltada para o estabelecimento de princípios de coexistência, e "racionalidade ética", em que ela se preocupa com a criação de um código moral universal. Para Linklater, cada uma das quatro categorias refere-se a uma tradição teórica das RI: a racionalidade instrumental é característica do pensamento marxista; a estratégica é associada às perspectivas realistas em geral; a racionalidade diplomática está presente no racionalismo grociano; e, por fim, a racionalidade ética no revolucionismo kantiano. Para o autor, o ponto de partida para uma teoria crítica está na reavaliação das contribuições e limites de cada uma dessas quatro tradições de pensamento nas RI. É por meio da interação produtiva dessas diferentes formas de pensar e de seus interesses políticos que se deve partir para pensar em seu projeto de uma teoria crítica da política mundial moderna.

Por meio de uma avaliação crítica de todas as vertentes teóricas tradicionais, inclusive do revolucionismo cosmopolita de Kant, Linklater pretende pensar as bases teóricas para a necessária evolução moral da humanidade. Como transcender as formas modernas de

6 ASHLEY, Richard. Political Realism and Human Interests. *International Studies Quarterly*, v. 25, 1981.

7 LINKLATER, Andrew. *Beyond Realism and Marxism:* Critical Theory and International Relations. London: MacMillan, 1990.

organização da política para dar lugar à criação de comunidades mais amplas e inclusivas? Um dos passos necessários é a elaboração de uma sociologia histórica das estruturas do Estado moderno. Ao contrário da reificação do conceito de Estado, é preciso analisar suas formas concretas, dotando a teoria das RI de conceitos e métodos capazes de lidar com as variações espaciais e temporais das formas de Estado. O Estado é uma construção social, uma realidade cuja consciência teórica leva à investigação das formas pelas quais suas fronteiras foram (e continuam sendo) justificadas. Em outros termos, é preciso investigar a racionalização das fronteiras e a dialética da inclusão e exclusão que caracterizam o Estado moderno enquanto construção histórica. Como se tem justificado, ao longo do tempo e nos diferentes lugares, a inclusão de alguns, considerados "cidadãos", em detrimento de outros indivíduos ou grupos?

No trabalho publicado no livro *Beyond the Interparadigm Debate*,[8] organizado pelos teóricos críticos Mark Hoffman e Nick J. Rengger, Linklater reconhece que as novas abordagens das RI, como o pós-modernismo e o feminismo, ou mesmo algumas das teorias tradicionais, como o marxismo, já incorporam a questão da dialética inclusão e exclusão. Por isso, ele chama a atenção para a necessidade de a teoria crítica apresentar uma elaboração mais ampla da questão, capaz de abranger os "múltiplos eixos de exclusão", não se restringindo ao gênero, às classes etc., mas envolvendo todas ao mesmo tempo. Ademais, Linklater defende que é preciso enfrentar essa questão com uma abordagem multidimensional, capaz de enfrentar a "dimensão filosófico-normativa", referente à tarefa de julgar os critérios utilizados para a inclusão e exclusão; a "dimensão histórica", que se refere à análise das origens e da transformação desses critérios; e a "dimensão política", relacionada à busca de um equilíbrio entre o universal e o particular na aplicação prática de qualquer modo de inclusão e exclusão.

Uma das questões mais importantes para perseguir teórica e politicamente o ideal de "emancipação" é defini-lo. Como a concepção de emancipação dos teóricos críticos deriva diretamente do projeto iluminista e, inicialmente, esse projeto esteve associado à eliminação das diversas formas de injustiça dentro do Antigo Regime, foi favorecida a concepção negativa de emancipação como liberdade, isto é, como o direito a fazer as próprias escolhas de vida, sem impedimentos desnecessários. Por isso, a teoria crítica propõe-se a investigar as causas das injustiças ou das formas de exclusão não justificadas, buscando ao mesmo tempo compreender as condições sob as quais a emancipação na política mundial é possível. Nesse contexto, o Estado soberano moderno, bem como suas lógicas e conceitos particularistas, além das noções de segurança nacional e de autonomia política (que, em geral, produzem a segurança de alguns em detrimento da segurança dos demais), são tratados como obstáculos à recuperação do ideal de emancipação. O questionamento teórico e político do Estado moderno é parte

8 HOFFMAN, Mark; RENGGER, Nick J. (Org.). *Beyond the Interparadigm Debate:* Critical Theory and International Relations. Hemel Hempstead: Harvester Wheatsheaf, 1990.

importante da teoria crítica cosmopolita, preocupada em promover novos parâmetros éticos e novas formas de organização política, que não estejam restritas às comunidades nacionais.

Para concluir, algumas questões têm sido dirigidas aos teóricos críticos, que procuram respondê-las dentro de sua lógica comunicativa: como realizar a emancipação na política mundial, em um contexto de pluralidade de culturas, de valores, de sistemas políticos etc.? Como suplantar o particularismo e reconstruir a política mundial de forma a estender à humanidade como um todo novas formas de organização política que sejam, a um só tempo, racionais, justas e democráticas, mas não sejam etnocêntricas? Como garantir que o universalismo cosmopolita dos teóricos críticos não seja mera projeção dos valores ocidentais ao redor do mundo, em detrimento do direito à voz dos demais povos? A saída, de acordo com a vertente habermasiana difundida por Linklater e seus colegas, é substituir a "ética da exclusão" pela "ética do diálogo". Para Habermas, as propriedades da comunicação são propícias porque cada membro de uma suposta comunidade universal tem igual direito de falar e de ser ouvido. Numa situação discursiva ideal, isto é, em que a comunicação não é distorcida, o aprendizado resulta na realização da possibilidade de graus maiores de liberdade por meio da inclusão na deliberação racional. As novas formas de organização política devem ser fundadas no diálogo e no consentimento racional, em que valem o diálogo verdadeiro e a aceitação universal do melhor argumento, em vez da dominação e da coerção que caracterizam a política mundial moderna.

3.2 Construtivismo social

Desde os anos 1980, a noção de que "a realidade é socialmente construída" tornou-se muito repetida entre as novas abordagens teóricas das RI, e não apenas pelos defensores do construtivismo social. No entanto, existem perspectivas que se identificam como construtivistas e exploram os desdobramentos dessa noção para o estudo das relações internacionais. Dizer que a realidade é socialmente construída implica reconhecer que aquilo que consideramos realidade resulta dos entendimentos coletivos e das práticas que constituem o mundo social. O que existe resulta das escolhas feitas por agentes humanos, mesmo quando elas não ocorrem sob circunstâncias livremente escolhidas por nós. Nas RI, o construtivismo social não é uma perspectiva monolítica, pois existem diferentes orientações em seu interior, e o objetivo desta seção é apresentar suas três vertentes principais. Já houve quem afirmasse haver tantos construtivismos quanto teóricos construtivistas, mas, em seus três itens, esta seção apresenta as orientações mais importantes. No item 3.2.1 é apresentada a vertente "neoclássica", que resgata autores influentes da teoria social europeia para sustentar a possibilidade de estabelecer ferramentas analíticas para o estudo das RI. Os principais teóricos dessa vertente são John Ruggie e Friedrich Kratochwil. O item 3.2.2 apresenta a teoria elaborada por Nicholas Onuf, que enfatiza a centralidade das regras que estruturam a linguagem para a construção da realidade social e, por isso, pode ser chamada de "construtivismo orientado por regras". Por fim, é apresentada a teoria social da política internacional de Alexander Wendt, autor que busca situar-se no debate entre neorrealismo e neoliberalismo, conciliando o construtivismo com a metodologia positivista, graças à adoção de uma epistemologia conhecida como "realismo científico". Por tudo isso, no item 3.2.3 sua vertente será chamada aqui de "neoconstrutivismo positivista". Para todos eles, entretanto, a realidade resulta das ideias e práticas dos agentes sociais que constroem as estruturas nas quais vivemos, ao mesmo tempo que somos por elas construídos.

É importante enfatizar o contexto acadêmico das RI, diante do qual surgiram as perspectivas construtivistas. Como visto no Capítulo 1, as novas abordagens surgiram como alternativas à ortodoxia teórica representada pelo debate entre o neorrealismo de Waltz e o institucionalismo neoliberal de Keohane, formando a ideia de um "quarto debate", entre racionalistas e reflexivistas. Cada uma das vertentes construtivistas apresentadas nesta seção procurou lidar com o quarto debate de um modo particular, mas todos se apresentaram como alternativas a seus dois extremos. A vertente neoclássica apresenta-se como um "meio-termo" entre o racionalismo e o reflexivismo, tanto no aspecto ontológico (por enfatizar a importância dos significados intersubjetivos) como no aspecto epistemológico (por valorizar o compromisso com uma "ciência social interpretativa"). O construtivismo de Wendt pretendeu suprir as lacunas deixadas pela síntese neo-neo, como o papel das identidades e interesses dos Estados, embora tenha adotado elementos como o positivismo, a centralidade dos Estados e a opção por uma teoria estrutural da política internacional. Por fim, a vertente apresentada por Onuf é a mais peculiar das três exploradas aqui, pois assume a tarefa de reconstruir as RI a partir de uma teoria social mais abrangente, que transcenda a noção de uma disciplina separada, pois os eventos e processos internacionais obedecem às mesmas regras de quaisquer relações sociais. De qualquer modo, todos os construtivistas consideram que os modelos teóricos dominantes são insuficientes ou inadequados para o estudo dos fenômenos que discernimos como o objeto de estudos dessa disciplina conhecida como RI. Além disso, ainda que por caminhos diversos, todos os construtivistas apontam, de um lado, o papel das ideias na construção da realidade social e, de outro, a mútua constituição entre agentes e estruturas sociais.

A noção de construção social da realidade popularizou-se nas diversas ciências sociais a partir do final dos anos 1960, em especial após a publicação do livro *The Social Construction of Reality*, de Peter Berger e Thomas Luckman[9]. Nas RI, algumas expressões utilizadas pelos construtivistas apresentados aqui chamam atenção para essa noção. O primeiro autor a utilizar a expressão "construtivismo" foi Onuf, no livro *Worlds of Our Making: Rules and Rule in Social Theory and International Relations*.[10] Wendt ajudou a difundir a abordagem construtivista

9 BERGER, Peter; LUCKMAN, Thomas. *A Construção Social da Realidade:* Tratado de Sociologia do Conhecimento. Petrópolis: Editora Vozes, 2003.

10 ONUF, Nicholas G. *Worlds of Our Making: Rules and Rule in Social Theory and International Relations*. South Carolina: University of South Carolina Press, 1989.

ao publicar seu artigo mais famoso, intitulado *Anarchy is What States Make of It: The Social Construction of Power Politics*,[11] que precedeu a elaboração mais sistemática de sua teoria, no livro *Social Theory of International Politics*.[12] Quanto à primeira vertente, Kratochwil publicou o livro *Rules, Norms, and Decisions: On The Conditions of Pratical and Legal Reasoning in International Politics*, em 1989, e Ruggie associou seus trabalhos anteriores ao construtivismo, reunindo-os no livro *Constructing the World Polity: Essays on International Institutionalization*.[13] Além das noções de que somos nós que construímos o mundo, chama a atenção a ênfase desses autores no projeto de elaborar "teorias sociais" das relações internacionais, o que ressalta o descontentamento com as epistemologias dominantes na disciplina.

Pela definição de Emmanuel Adler[14], o construtivismo é a perspectiva segundo a qual o modo pelo qual o mundo material se relaciona com a ação humana, formando-a e sendo por ela formado, depende de interpretações dinâmicas do mundo material. Nesse sentido, os elementos normativos e o conhecimento compartilhado pelos agentes são parte fundamental da própria realidade em que vivem e na qual realizam suas escolhas. Em vez de enfatizarem a natureza dos agentes ou seus comportamentos como ponto de partida, os construtivistas preferem enfatizar os fatores não materiais que condicionam suas identidades, interesses e decisões. A atenção dos construtivistas recai principalmente sobre o modo como os agentes lidam com as diversas estruturas sociais, que são intersubjetivas pela própria definição. Afirmar que a realidade internacional é construída socialmente de forma alguma implica reconhecer somente um mundo de paz e cooperação; ao contrário, significa reconhecer que tanto as dinâmicas de cooperação como as de conflito, tanto a guerra como a paz, tudo isso resulta do modo como os agentes estruturam suas relações sociais e, não menos importante, como as estruturas intersubjetivas constroem os próprios agentes. Mas se a realidade é uma construção social ao longo da história, então também existe a possibilidade de modificá-la. O que importa, para os construtivistas, é repensar a própria ontologia das relações internacionais, chamando a atenção para a centralidade das interações sociais, isto é, para o processo entendido como a própria dinâmica da história.

Assim, para o construtivismo a realidade internacional, como qualquer realidade social, é constituída de elementos materiais e ideacionais. O principal traço que distingue o construtivismo situa-se, então, em sua ontologia. Para o construtivismo, portanto, as estruturas-chave do sistema internacional são intersubjetivas. Os construtivistas não rejeitam a

---

11 WENDT, Alexander. Anarchy is what states make of it: the social construction of power politics. *International Organization*, v. 46, n. 2, 1992.

12 WENDT, Alexander. Social Theory of International Politics. Cambridge: Cambridge University Press, 1999.

13 RUGGIE, John. *Constructing the World Polity* – Essays on international institutionalization. New York/London: Routledge, 1998.

14 ADLER, Emanuel. O construtivismo no estudo das Relações Internacionais. In: *Lua Nova*, n. 47, 1997.

importância dos aspectos materiais do mundo, como dito anteriormente, mas as relações entre as ações humanas e o mundo material dependem do modo como os agentes lidam com as diversas estruturas intersubjetivas de significado, como a cultura, as identidades, as normas e regras do discurso, e assim por diante. O construtivismo centra sua atenção nos fenômenos mentais, sobretudo nos coletivamente considerados, na investigação de seu papel nas relações internacionais e nas implicações da constatação desse papel no modelo, na lógica e nos métodos de investigação dos fenômenos e comportamentos sociais. Quando essas três vertentes do construtivismo foram apresentadas por seus respectivos autores, eles trouxeram para as RI a influência de inúmeros filósofos e cientistas sociais. O resultado foi o desenvolvimento de algumas tendências principais, de acordo com os conceitos e ênfases concedidas por essas tradições da teoria social. As três seções a seguir apresentarão as vertentes mais presentes nos debates internos ao construtivismo e em seus debates com as demais perspectivas teóricas contemporâneas.

3.2.1 A vertente neoclássica do construtivismo

Talvez o termo "neoclássico" não seja perfeito para descrever a primeira vertente, mas foi usado por um de seus representantes, John Ruggie, para designar o débito intelectual com pensadores clássicos da sociologia, como Émile Durkheim (1858-1917) e Max Weber (1864--1920). Autores como Ruggie e Kratochwil mantêm um compromisso com a ideia de uma "ciência social" e, com o propósito de reconstruir as bases epistemológicas das RI, defendem a necessidade de um conjunto de ferramentas analíticas capazes de lidar com a centralidade dos significados intersubjetivos para as interações humanas. Para Ruggie, por exemplo, alguns instrumentos de análise mais recentes, como a "teoria dos atos de fala" de John Searle (1932-) ou a "teoria da ação comunicativa" de Jürgen Habermas, podem servir para complementar o pensamento dos autores do final do século XIX. No caso de Kratochwil, o destaque conferido à centralidade da linguagem e das normas e regras que regem os discursos tem como referência as obras de Ludwig Wittgenstein (1889-1951) e John L. Austin (1911-1960), embora ele também recorra à noção weberiana de que é preciso analisar os contextos compartilhados intersubjetivamente dentro dos quais as ações humanas adquirem e produzem significados.

Entre as principais contribuições da filosofia do século XX à teoria social encontram-se ideias de Austin, Searle e Wittgenstein, usadas por teóricos construtivistas que aderem à chamada "virada linguística", como é o caso de Kratochwil e Onuf, assim como, embora em menor medida, de Ruggie. Primeiramente, cabe destacar a importância de Wittgenstein, em especial de sua metáfora dos "jogos de linguagem", desenvolvida em sua obra póstuma *Investigações filosóficas*, de 1953[15]. De um lado, o filósofo utilizou essa noção para designar o fato de que usar uma linguagem é desempenhar parte de uma atividade social, e, de outro, para chamar a

15 WITTGENSTEIN, Ludwig. *Investigações Filosóficas*. Petrópolis: Editora Vozes, 2012.

atenção para os inúmeros segmentos heterogêneos da linguagem, cada qual com suas regras, convenções e finalidades próprias. O conceito de "atos de fala" foi desenvolvido em uma série de conferências proferidas pelo filósofo e jurista John L. Austin durante os anos 1950, publicadas postumamente no livro *How to Do Things With Words* (1962)[16]. Sua principal contribuição foi iluminar a habilidade da linguagem para realizar coisas, em vez de concentrar-se na noção tradicional de que o instrumento linguístico serviria para descrever a realidade. Os enunciados linguísticos são usados para, entre outras coisas, realizar performances sociais. Alguns anos depois, o filósofo John Searle elaborou a versão mais conhecida da "teoria dos atos de fala", no livro *Speech Acts* (1969)[17]. Nesse livro e em obras posteriores, Searle procurou elaborar uma tipologia dos "atos de fala ilocucionários" (assertivos, diretivos, compromissórios, expressivos e declaratórios), assim como outros conceitos relacionados (por exemplo, "intencionalidade", "intencionalidade coletiva" e "performances").

Em 1998, Ruggie publicou o livro recém-mencionado[18], reunindo ensaios publicados desde o início dos anos 1970. Embora não houvesse adotado a designação que se tornara conhecida, isto é, "construtivismo social", Ruggie sustenta que seus trabalhos traçam sua jornada em direção a uma abordagem que começava a ser assim conhecida. Uma análise dos ensaios contidos no livro permite concluir que ele aderiu gradualmente ao construtivismo proposto de modo mais sistemático pelos demais autores citados nesta seção, como Kratochwil, Onuf e Wendt, nesses casos desde o final dos anos 1980. Mas isso não reduz sua importância, pois alguns de seus trabalhos anteriores já eram bastante conhecidos no campo das RI. De qualquer modo, seu artigo publicado no mesmo ano (*What Makes the World Hang Together? Neo-utilitarianism and the Social Constructivist Challange*), que serve de introdução ao livro, esclarece as diferenças entre as fundações analíticas bastantes próximas de neorrealistas e institucionalistas neoliberais e os elementos centrais do construtivismo social, além de suas possíveis contribuições para o estudo da política mundial.

A principal preocupação da abordagem construtivista é com o papel da consciência humana na construção da realidade, buscando dar conta daquilo que é tomado como nos modelos teóricos dominantes: os interesses e as identidades dos agentes sociais. Para Ruggie, é preciso investigar as origens daquilo que é exógeno aos modelos racionalistas, pois suas fundações analíticas não permitem obter uma compreensão adequada dos comportamentos internacionais, já que ignoram a dimensão intersubjetiva de qualquer realidade social. Neste ponto, o legado de Durkheim é importante, pois seus estudos sempre estiveram voltados para a análise dos fenômenos morais. Mais precisamente, Durkheim buscou demonstrar como os comportamentos sociais eram influenciados pelos vínculos interpessoais da ordem social,

16 AUSTIN, John. *How To Do Things With Words*. Cambridge: Cambridge Universtity Press, 1962.

17 SEARLE, John. *Os Atos de Fala:* Um Ensaio de Filosofia da Linguagem. Coimbra: Almedina, 1981.

18 RUGGIE, 1998.

os quais estão embutidos nos grupos de referência aos quais os indivíduos pertencem, desde a família até a sociedade como um todo. O conceito-chave da metodologia durkheimiana é o "fato social", definido como "toda maneira de agir fixa ou não, suscetível de exercer sobre o indivíduo uma coerção exterior; ou, ainda, que é geral na extensão de uma sociedade dada, apresentando uma existência própria, independentemente das manifestações individuais que possa ter". Os fatos sociais exercem influência sobre os comportamentos individuais por meio de suas quatro características definidoras: a exterioridade, a coercitividade, a generalidade e a historicidade. Para Ruggie, as identidades e os interesses dos agentes devem ser interpretados cientificamente por meio da análise das interações sociais que lhes dão origem, não os definindo previamente como premissas de determinado modelo teórico.

De Weber, Ruggie utiliza a visão da necessidade de métodos específicos para a construção das ciências sociais, cuja especificidade reside na capacidade dos agentes humanos de dotar de significado suas próprias ações e as ações dos demais. Com isso, destaca-se o papel não apenas instrumental mas também normativo das ideias. Em consequência, cabe ao cientista social a tarefa de interpretar o significado da ação humana para os próprios agentes envolvidos, ou, na expressão de Weber, realizar uma "interpretação empática" (em alemão, *vestehen*). Essa ferramenta analítica consiste em três estágios: (i) discernir uma compreensão da ação social desde o ponto de vista do agente, captando seu significado; (ii) arquitetar uma compreensão explicativa da ação social, situando-a em algum conjunto de práticas sociais assim reconhecidas pela coletividade social; (iii) unificar a análise da ação social em questão com uma perspectiva histórica do fenômeno, percebendo sua significância social mais ampla. O terceiro estágio do método é cumprido com o auxílio dos "tipos ideais", instrumentos conceituais construídos para esse fim e utilizados para apreender o elemento individualizante que qualifica a ação social em seu condicionamento histórico. Estabelecidos convencionalmente e de forma abstrata, os tipos ideais prestam-se a esclarecer o conteúdo empírico da ação estudada, partindo dos elementos que o compõem. Com isso, Weber pretende sintetizar o particular e o geral, o subjetivo e o objetivo. Para Ruggie, a análise dos comportamentos dos diversos agentes da política mundial deve levar em conta que eles ocorrem sempre em um contexto intersubjetivo, dentro do qual existem normas e outros elementos não materiais compartilhados socialmente. Em conjunto, essas contribuições da sociologia clássica chamam a atenção para a necessidade de reconstrução da própria ontologia das RI e, consequentemente, de uma abordagem epistemológica interpretativa.

Para Ruggie, como qualquer sistema de relações sociais, as relações internacionais exibem algum grau de institucionalização. No mínimo, existem mecanismos que permitem a inteligibilidade mútua do comportamento e da comunicação, ao lado das rotinas organizacionais que tornam essas relações possíveis. Como a institucionalização envolve elementos de autoridade, e esta é definida como a conjunção de poder e propósito social legítimo, é preciso levar em conta a centralidade dos elementos intersubjetivos e suas consequências para os métodos científicos, pois esse elemento social não pode ser compreendido com os mesmos métodos utilizados para fatos brutos ou realidades do mundo natural. Por exemplo, no caso dos regimes internacionais, a primeira definição foi dada pelo próprio Ruggie, em 1975: "são graus de institucionalização ou um conjunto de expectativas, regras e regulações, planos, energias organizacionais e compromissos financeiros mútuos". Depois, no começo dos anos 1980, tornou-se consensual a definição de Stephen Krasner[19], segundo a qual os regimes são "conjuntos de princípios, normas, regras e procedimentos de tomada de decisão implícitos ou explícitos em torno dos quais as expectativas dos atores convergem em uma dada área das relações internacionais". De qualquer modo, argumenta Ruggie, como qualquer instituição faz convergir as expectativas dos agentes, limitando sua liberdade de escolha, o processo de institucionalização possui uma qualidade intersubjetiva. Segundo o teórico, isso se aplica a qualquer nível de institucionalização, dos regimes ao direito internacional, dos Estados ao próprio sistema de Estados como um todo. Sempre se está tratando de construções sociais que possuem uma ontologia intersubjetiva e, por isso mesmo, requerem uma abordagem científica adequada ao seu objeto de estudos.

Como mencionado anteriormente, os trabalhos de Kratochwil evidenciam a influência de autores clássicos da sociologia, como Durkheim e Weber, mas principalmente de autores ligados à "virada linguística", em especial Austin e Wittgenstein. Por isso, ele enfatiza o papel da linguagem cotidiana e das regras e normas que regem os discursos sobre a vida política e, consequentemente, também sobre a análise política. Desde meados dos anos 1980, Kratochwil já escrevia uma série de artigos nos quais criticava "a pobreza da epistemologia" nas RI, sobretudo por relegar o caráter normativo da política, em nome de uma suposta "cientificidade" do conhecimento. Para ele, não há incongruência entre reconhecer a normatividade da política e defender a elaboração de métodos e pesquisas científicas, embora evidentemente seja necessário reconstruir as bases epistemológicas da disciplina. Assim como ocorre nos trabalhos de Ruggie, o projeto científico de Kratochwil passa pelo reconhecimento da dimensão intersubjetiva das relações internacionais. Com base em Weber, ele começa por afirmar que as ações sociais só adquirem significado porque se encontram em determinado contexto compartilhado por uma coletividade. Sendo assim, a compreensão do "mundo da intenção e significado não é uma questão de mensuração, mas uma questão de reconstrução dos parâmetros da ação em questão".[20] Assim, esse contexto baseia-se e é mediado por regras e normas, que não apenas conferem significado às ações, como permitem sua comunicação aos demais e, por isso, moldam as decisões que dão origem aos comportamentos sociais.

19 KRASNER, Stephen (Ed.). *International Regimes*. Ithaca: Cornell University Press, 1983.

20 KRATOCHWIL, Friedrich. *Rules, Norms, and Decisions:* On The Conditions of Pratical and Legal Reasoning in International Politics. Cambridge: Cambridge University Press, 1989.

As regras são fundamentais para a compreensão das decisões, embora não as determinem por completo. Por isso, cabe ao estudioso analisar os processos de interpretação da realidade e de deliberação. Ao contrário da noção limitada de racionalidade, Kratochwil argumenta que "as regras e normas usadas para chegar a uma decisão não funcionam nesse processo de escolha como termos lógicos ou causas, mas como razões persuasivas".[21] Partindo dessa concepção ontológica da relação entre contextos normativos e ações sociais, a pergunta que interessa ao estudioso é: Por que decisões baseadas em regras e normas que não são logicamente obrigatórias recebem suporte dos agentes, isto é, por que se decide obedecê-las? A questão do cumprimento das normas não pode ser explicada por referência à obediência cega, mas sim à noção de argumentação, e, nesse sentido, o autor reconhece a existência de um paralelo entre a argumentação jurídica e o discurso moral. Em ambos os casos, trata-se de decisões baseadas na consideração da existência do outro e de argumentações baseadas em princípios. Sendo assim, conclui o autor, é possível falar em uma ordem jurídica internacional como uma realidade. Em outros termos, existe um contexto normativo dentro do qual se desenvolvem quaisquer relações sociais, não sendo as relações internacionais uma exceção, como muitas vezes é veiculado pelo argumento da "anarquia", que produz uma série de distorções conceituais.

Por fim, cabe destacar que essa vertente do construtivismo procura reconsiderar a própria ontologia do campo por meio do destaque dado à dimensão intersubjetiva da realidade internacional, para desenvolver uma alternativa epistemológica que forneça métodos ou instrumentos de análise apropriados aos nossos objetos de estudos. Especialmente no caso de Kratochwil, o destaque recai sobre a noção de que a linguagem é um meio de ação, em vez de mero recurso para descrever a realidade objetiva. Não é possível referir-se às ações humanas de modo absolutamente neutro, pois se trata de um mundo de intenções e significados. Para ele, "a caracterização das ações, seja no discurso jurídico, seja no prático, não é propriamente uma descrição, mas uma avaliação" (em inglês, *appraisal*), ou seja, trata-se de uma avaliação de "fatos" em termos de certas considerações normativas. Cabe esclarecer ainda que, a não ser que deixemos o âmbito da política, aquilo que adquire o *status* de "fato objetivo" é assim chamado não porque é a própria coisa descrita, mas porque atinge a "validade intersubjetiva" de uma caracterização em torno da qual as pessoas razoáveis, ou racionais, podem entrar em acordo. Em outras palavras, a construção social da realidade depende das interpretações normativas e epistêmicas sobre o mundo em que vivemos.

3.2.2 O construtivismo orientado por regras

No livro *World of Our Making: Rules and Rule in Social Theory and International Relations*[22], Nicholas Onuf apresenta seu audacioso projeto de "reconstruir" as RI por meio da

21 KRATOCHWIL, 1989, p. 36.

22 ONUF, 1989.

análise do modo como as pessoas constroem a realidade social. Ainda que o autor não admita que tenha elaborado uma "teoria" no sentido tradicional do termo, isto é, como um conjunto de explicações gerais para o que as pessoas fazem, por que as sociedades são diferentes entre si ou como ocorrem as mudanças no mundo social, o construtivismo elaborado por ele apresenta um sistema de conceitos e proposições teóricas para o estudo de relações sociais em sentido amplo, das quais as "relações internacionais" são uma espécie particular. Também influenciado pelos filósofos Wittgenstein, Austin, Searle e Habermas, isto é, pela importância da linguagem na constituição da vida social, sua vertente do construtivismo é convencionalmente chamada "construtivismo orientado por regras". Influenciado pela "virada linguística" da filosofia do século XX, Onuf dá expressão à ideia construtivista de que falar é fazer e que, inversamente, fazer também é falar algo às demais pessoas. Discurso e ato estão ligados de modo solidário, pois as ações sociais são expressões dos discursos, e não podem ser compreendidas fora ou independentemente deles.

Onuf inicia o livro com uma famosa passagem do escritor alemão Johann Wolfgang von Goethe, que, em sua tragédia *Fausto*, apresenta o personagem reescrevendo o trecho bíblico "no princípio era o verbo" sucessivamente em "no princípio era o pensamento", depois em "no princípio era o poder", até escrever com confiança que "no princípio era o ato". Como escreve o teórico das RI, "começo com o aforismo de Goethe, que para Wittgenstein parecia expressar uma posição filosófica: no princípio era o ato". Na expressão do próprio Wittgenstein, "a linguagem – quero dizer – é um refinamento, 'no princípio era o ato'". Esse posicionamento filosófico é denominado por Onuf "construtivismo", expressão não utilizada na teoria das RI até 1989. Os seres humanos são seres sociais que participam da construção da sociedade e são por ela construídos – isto é, pessoas e sociedades são entidades coconstituídas. Esse é um processo de mão dupla e, para estudá-lo, o autor propõe que comecemos pelo "meio". Isso significa introduzir um terceiro elemento, que Onuf denomina "regras" (em inglês, *rules*). A abordagem construtivista introduz esse elemento porque um "ato" só é capaz de participar de uma realidade social se carrega significado, e este depende da existência de regras.

As regras são proposições que dizem às pessoas de determinada sociedade o que elas devem fazer. Embora não determinem as condutas humanas, as regras as guiam e lhes dão significado. As regras estabelecem padrões para a conduta dos membros de uma sociedade, os quais devem ser seguidos; caso contrário, essas pessoas podem esperar determinadas consequências estipuladas por outras regras sociais, cujos efeitos virão à tona quando outras decidirem estabelecer as consequências do descumprimento da regra inicial. As regras – que incluem as regras jurídicas, mas não terminam aí – tornam o processo de construção entre pessoas e sociedade algo contínuo e recíproco. Todas as formas pelas quais as pessoas lidam com as regras são denominadas "práticas", e aqueles que são reconhecidos pelas regras como participantes ativos nas inúmeras situações sociais, em uma dada sociedade, são denominados "agentes". As regras apresentam aos agentes "escolhas", mas ao mesmo tempo são feitas por esses agentes, embora suas ações intencionais produzam consequências não pretendidas inicialmente. Nesse contexto, a história é um processo infindável de adequação mútua de agentes, regras e estruturas sociais. Estas últimas são definidas por ele como os padrões reconhecidos pelos agentes e incluem as próprias regras, assim como as práticas persistentes no tempo e no espaço (isto é, as instituições sociais) e as consequências não intencionais.

As regras são descritas pelo autor como "atos de fala", e é por isso que sua categorização está diretamente associada à classificação contida na teoria de Searle, embora Onuf faça uma ligeira adaptação na tipologia original. Onde Searle enxergou cinco categorias, Onuf seleciona três delas (atos de fala assertivos, atos de fala diretivos e atos de fala compromissórios), cada qual equivalente a uma das regras que regem a linguagem. Para Onuf, os atos de fala expressivos e declaratórios que completariam o esquema de Searle não produzem regras. Sendo assim, Onuf reconhece a existência de três tipos de regras que condicionam a construção de qualquer realidade social, pois a linguagem "habilita as pessoas a desempenhar atos sociais e atingir fins por meio de proposições assertivas, diretivas e compromissórias".[23] Essas categorias de regras poderiam ser definidas nos seguintes termos: as "regras de instrução" estabelecem uma crença, evidentemente associada à intenção ou ao desejo do enunciador de que ela seja aceita pelo receptor. Elas informam o que e como são as coisas, o modo como elas são organizadas e como as pessoas devem adequar-se a elas. Afirmar, relatar, estatuir, instituir, caracterizar e atribuir são exemplos de verbos representativos dessa primeira categoria. As "regras diretivas" estabelecem ordens em determinada situação social, carregando a intenção de que a aceitação e a obediência sobrevenham às regras. Ainda que nem sempre sejam imperativas – elas podem veicular comandos e demandas, mas também pedidos, permissões, avisos etc. –, as ordens imperativas são vistas como seu caso exemplar. Por fim, as "regras compromissórias" revelam a intenção daquele que as emite de engajar-se em determinado curso de ação, sendo que a aceitação pelo receptor do ato constitui o compromisso do emissor. As promessas, ofertas e contratos são exemplos dados pelo autor para esse tipo de regra. Os três tipos de regras estão presentes nas incontáveis relações humanas que caracterizam determinada sociedade ou, no caso que nos interessa, as próprias relações internacionais. Qualquer cultura, no sentido amplo da palavra, apresenta as três categorias de regras; o que muda é a proporção delas em cada realidade social.

Dentro desse quadro teórico, o que são as "relações internacionais", tal como nós as reconhecemos? Ainda que resista a apresentar uma definição pronta e acabada, o autor sugere, em diferentes trabalhos, que as relações internacionais obedecem às mesmas lógicas e regras dos demais eventos sociais. Essas relações também fazem parte do mundo que construímos: "países como a França, os Estados Unidos e o Zimbábue estão entre as construções sociais, ou sociedades, em que as pessoas fazem através daquilo que nós fazemos".[24] Para ele, os países são

---

23 ONUF, 1989, p. 23.

24 ONUF, 1989.

mundos autocontidos, porque as pessoas falam deles desse modo e tentam mantê-los assim, ainda que sejam apenas relativamente autocontidos. Em consequência, as relações internacionais também constituem um mundo autocontido, pela simples razão de ele cobrir toda a Terra, mas não passam de mais uma construção social, "uma sociedade de sociedades relativamente autocontidas". Qualquer realidade social é caracterizada como tal na medida em que as práticas humanas que a constituem são vistas pelos que se engajam nelas (e por aqueles que as observam) como possuindo uma coerência que os torna discerníveis de outras práticas sociais. Mas tudo isso depende das regras que constituem essa realidade, assim como dos agentes que se moldam a elas e podem transformá-las ao longo do tempo.

Para Onuf, as regras são fundamentais para a existência de uma "sociedade política", assim como para a sua definição de "política". Uma sociedade política possui duas propriedades gerais: existem regras que dotam as ações humanas de significado social, como visto anteriormente; e essas regras resultam em uma distribuição desigual dos benefícios. Onuf evita os conceitos de "autoridade" e de "poder", preferindo o conceito de *rule* (de difícil tradução para o português, podendo significar algo próximo de "mando" ou "domínio"), que dispensa os dois anteriores. O exame das regras categorizadas acima leva o autor a concluir que elas tornam arranjos sociais estáveis possíveis, privilegiando algumas pessoas, em detrimento de outras. Em suma, a política envolve regras, que por sua vez estabelecem formas de "mando", as quais distribuem de forma desigual os privilégios. Com isso, torna-se possível lidar teoricamente, a partir do paradigma da linguagem e da sociedade política, com o caráter assimétrico da política. O conceito de "mando" refere-se ao modo como o controle é distribuído e exercido em determinado corpo político.

Onde há uma sociedade humana, encontramos a política, e nesse sentido o autor questiona-se: "A política mundial constitui um corpo político?".[25] Ou seja, pode-se falar nas relações internacionais como uma sociedade política? Para ele, todos os ingredientes estão presentes: "o exercício da influência, uma fórmula política que alega a autonomia dos Estados como o veículo primordial para o exercício da influência e uma aceitação do padrão de influência e suas recompensas como algo coerente com os requisitos da fórmula".[26] À guisa de conclusão, pode-se destacar que o autor não exclui a política mundial do mundo da política, nem a aplicação do conceito de rule e, não menos importante, não apoia a diferenciação constitutiva entre as disciplinas de "Ciência Política" e "Relações Internacionais". Acima de tudo, as relações internacionais são um conjunto de práticas sociais e, assim, são apenas manifestações que os agentes reconhecem ou julgam como expressões particulares das relações sociais, em um sentido mais amplo. Além de enfatizar a importância das regras para a construção das sociedades políticas, Onuf reconhece que uma realidade social não é simplesmente uma coleção de regras, mas

25 ONUF, 1989, p. 238.

26 ONUF, 1989, p. 238.

uma variedade de práticas reconhecidas pelos agentes que lidam com as regras existentes de modo mutuamente constitutivo. Afinal, pessoas e sociedades são entidades coconstituídas.

3.2.3 O neoconstrutivismo positivista

Alexander Wendt é autor de importantes trabalhos desde os anos 1980, tendo sido provavelmente o primeiro a utilizar a "teoria da estruturação" para revisitar o problema agente-estrutura nas RI.[27] Cinco anos depois, seu artigo intitulado *A anarquia é o que os Estados fazem dela* ajuda a popularizar o construtivismo na disciplina.[28] Além disso, desde seu primeiro trabalho, o autor já defendia a adoção de uma epistemologia conhecida na literatura filosófica como "realismo científico", que, por um lado, permite estudar cientificamente os elementos não observáveis da política internacional, como é o caso de sua "estrutura", e, por outro, produzir conhecimento sobre os mecanismos causais dentro das ciências sociais, por meio de inferências científicas extraídas dos efeitos observáveis na realidade. Ao longo dos anos 1990, Wendt publicou uma série de trabalhos que estabeleceram as bases para uma teoria estrutural do sistema internacional, na qual os Estados são as unidades de análise principais, as estruturas-chave desse sistema são intersubjetivas em vez de materiais, e, por fim, as identidades e os interesses dos Estados são construídos nas interações dentro desse sistema, em vez de dados exogenamente ao sistema internacional pela natureza humana ou pela política doméstica.[29] A elaboração sistemática de sua teoria construtivista da política internacional apareceria no livro *Social Theory of International Politics*[30], sem dúvida uma das obras contemporâneas mais discutidas e polêmicas da teoria das RI.

O primeiro trabalho de Wendt[31] foi uma contribuição ao debate agente-estrutura nas RI, por meio da adaptação da "teoria da estruturação", desenvolvida por autores de outras áreas de conhecimento, como o sociólogo Anthony Giddens (1938-), embora o teórico das RI reconheça maior influência do "realismo científico" associado ao filósofo Roy Bhaskar (1944-). De acordo com Giddens, no livro *A Constituição da Sociedade*[32], a solução mais adequada para o problema agente-estrutura é reconhecer que a nenhum dos lados dessa relação deve ser concedida prioridade ontológica. Em outros termos, a teoria da estruturação apresenta uma

27 WENDT, Alexander. The Agent-Structure Problem in International Relations. *International Organization*, v. 41, n. 3, 1987.

28 WENDT, 1992.

29 WENDT, Alexander. Collective Identity Formation and The International State. *American Political Science Review*, v. 88, n. 2, 1994; WENDT, Alexander. Constructing International Politics. *International Security*, v. 20, n. 1, 1995.

30 WENDT, 1999.

31 WENDT, 1987.

32 GIDDENS, Anthony. *A constituição da sociedade*. São Paulo: Martins Fontes, 2003.

solução relacional para o problema agente-estrutura, através da concepção de que agentes e estruturas são mutuamente constituídos, e, portanto, ambos nos ajudam a compreender as interações humanas em quaisquer níveis. Já o "realismo científico" de Bhaskar, desenvolvido nos livros *A Realist Theory of Science* (1975) e *The Possibility of Naturalism* (1978) e conhecido como "realismo crítico" (que não tem nada a ver com o "realismo político"), é uma abordagem filosófica das ciências naturais e sociais que enfatiza a distinção entre as questões epistemológicas e ontológicas, além da importância da objetividade científica como base para a crítica social. O mais importante, do ponto de vista da teoria desenvolvida por Wendt, é que essa filosofia das ciências reconhece o *status* científico das afirmações feitas sobre entidades não observáveis e seus mecanismos causais. Em resumo, as inspirações teórico-filosóficas desses dois autores permitiram a Wendt vislumbrar a elaboração de uma teoria da política internacional na qual os Estados e seus comportamentos estão longe de ser determinados passivamente pela estrutura, para a qual, no entanto, é reconhecido o *status* ontológico de uma realidade dentro da qual os Estados interagem, construindo suas identidades e interesses no processo, definido como a própria dinâmica da história.

Sua teoria estrutural focaliza a importância das práticas sociais, pois, de acordo com a teoria da estruturação, as propriedades estruturais dos sistemas sociais dependem de sua reprodução pelos agentes sociais, que podem também transformar a estrutura em que vivem. Os seres humanos agem de acordo com regras institucionalizadas, mas também de acordo com seu interesse, sendo este dependente das identidades carregadas pelos agentes. Aplicando esse argumento à visão convencional da "anarquia" e de seus efeitos sobre a política entre os Estados, Wendt[33] desenvolveu o conhecido argumento de que a lógica da "autoajuda", teorizada pelo neorrealismo de Waltz, não era necessariamente consequência da ausência de um governo superior na política internacional. Nesse trabalho, Wendt introduz mais uma inspiração de outra área do conhecimento: o chamado "interacionismo simbólico", de George H. Mead (1863-1931) e Herbert Blumer (1900-1987). Mais precisamente, Wendt utiliza três pontos principais desses autores em sua teoria social construtivista: (i) as pessoas agem de acordo com os significados que os objetos (inclusive outros agentes) têm para elas; (ii) são os significados coletivos, constitutivos das estruturas sociais, que organizam nossas ações; (iii) esses significados emergem da interação social. Portanto, as estruturas sociais, como as instituições ou as culturas, por exemplo, condicionam não apenas os comportamentos dos agentes, mas sobretudo suas identidades e interesses. Uma situação de anarquia, a concepção de segurança não é necessariamente autointeressada, ou, em outras palavras, a política de poder é uma construção social – o que significa reconhecer que ela tem uma história de interações que a produziu e, sendo assim, pode ser transformada.

33 WENDT, 1992.

São as estruturas intersubjetivas, isto é, os significados compartilhados coletivamente, que influenciam os comportamentos dos Estados em uma situação de ausência de governo superior. Um tema central da teoria construtivista de Wendt é o das identidades. Definidas pelo autor como "entendimentos e expectativas associados a papeis específicos e relativamente estáveis sobre si"[34], as identidades são adquiridas pelos Estados por meio da participação nos significados coletivos. As identidades são a base para os interesses, como dito anteriormente. Ao longo do tempo, conjuntos de identidades (e interesses) são estabilizados em torno de instituições sociais. Sendo assim, as identidades dos Estados tornam-se um conceito central para o construtivismo de Wendt, pois os agentes "não possuem um 'portfolio' de interesses que carregam por aí independentemente do contexto social; em vez disso, eles definem seus interesses no processo de definição da situação".[35] As ideias que os agentes têm de si e do ambiente social no qual estão inseridos moldam suas interações e são por elas moldadas. Ou seja, são as ideias carregadas pelos Estados, assim como suas interações, que constroem a realidade social em uma situação anárquica. Nesse sentido, a "política de poder" é uma instituição social que o autor define como um "conjunto relativamente estável ou uma 'estrutura' de identidades e interesses".[36] Tudo isso faz das identidades um conceito central, pois elas se situam entre as possibilidades de reprodução e transformação da realidade social em que vivem os Estados.

Foi com o livro de 1999, entretanto, que Wendt elaborou sua teoria de forma mais sistemática. *Social Theory of International Politics*[37] tem como propósito apresentar uma teoria em que as principais unidades de análise são os Estados, mas cujo nível de análise predominante é representado pelo sistema internacional. Como dito na introdução desta seção, os termos nos quais sua teoria é elaborada permitem um confronto direto com as vertentes "neo" do realismo (Waltz) e do liberalismo (Keohane), e por isso ela foi identificada aqui pelo nome incomum de "neoconstrutivismo". A obra aborda questões epistemológicas, que ele denomina "de segunda ordem", e substantivas ou "de primeira ordem". Embora sua teoria seja claramente uma alternativa para a síntese neo-neo, Wendt pretende, de um lado, situar-se entre os racionalistas e os reflexivistas (no sentido atribuído aos termos por Keohane, como visto anteriormente), e, de outro, estabelecer uma ponte com a ortodoxia neo-neo, adotando o positivismo, ainda que na visão identificada com o realismo científico. Dentro do que foi chamado aqui de "quarto debate" (a que ele chama "terceiro debate"), Wendt defende situar-se na "via media", por conciliar, de um lado, um compromisso ontológico com a tese de que as ideias importam, e, de outro, uma epistemologia que confia na cientificidade de suas proposições teóricas, nos termos descritos.

34 WENDT, 1992, p. 397.

35 WENDT, 1992, p. 398.

36 WENDT, 1992, p. 399.

37 WENDT, 1999.

Do ponto de vista mais substantivo, o tema central do livro é tratar da regulação global do poder dos Estados de engajar-se na violência organizada, que ele considera um dos problemas fundamentais da vida social. No caso da política internacional, o problema da regulação da violência ganha destaque pelo fato de os Estados ("a forma dominante de subjetividade na política mundial contemporânea") serem concebidos como "estruturas de autoridade política com um monopólio no uso legítimo da violência organizada". Esse conceito reverbera a definição – hoje clássica – de Max Weber sobre o Estado. Além disso, sendo um construtivista, Wendt realça o aspecto histórico do Estado, caracterizado como um programa político em andamento e desenhado para produzir e reproduzir esse monopólio. Seu objetivo é apresentar uma teoria sobre como o sistema de Estados funciona, em particular como sua estrutura constrói, pelo menos em parte, as identidades e interesses das unidades que o compõem. No entanto, como a anarquia é aquilo que os Estados fazem dela, Wendt diz que ela é uma espécie de copo vazio, isto é, na anarquia podem existir diferentes culturas, definidas amplamente como a distribuição das ideias entre os Estados. O teórico argumenta que pode haver pelo menos "três culturas da anarquia" – hobbesiana, lockeana e kantiana –, cada uma delas baseada no tipo de papéis que dominam o sistema, por meio dos quais os Estados são conceituados, respectivamente, como inimigos, rivais ou amigos.

Pode-se concluir com os principais padrões que caracterizam as culturas hobbesiana, lockeana e kantiana, resumidamente. A primeira é definida pelo estado de guerra endêmico e ilimitado, pois não há respeito pelo direito à existência dos demais Estados, pela eliminação dos Estados que não se adequam à sua lógica, pela capacidade dos Estados mais poderosos de equilibrar poder uns contra os outros, o que se torna uma questão existencial, e, finalmente, é bastante difícil manter o não alinhamento ou neutralidade nessa cultura. A cultura lockeana é definida pela simultaneidade entre aceitação e constrangimento do estado de guerra, em que ela é aceita como legítima, mas respeita-se o direito à soberania dos demais, pela baixa taxa de desaparecimento dos Estados que compõem o sistema, pela maior estabilidade da instituição do equilíbrio de poder, que deixa de ser uma questão de vida ou morte para os Estados e, por fim, pelo reconhecimento do *status* de não alinhamento ou neutralidade. A cultura kantiana é definida pela observância de duas regras simples, independentes, mas igualmente necessárias: a primeira é que a violência é descartada como modo de solução das controvérsias, sendo a guerra e a ameaça de guerra descartadas da convivência daqueles que compartilham essa cultura (regra da não violência), e a segunda é a regra de atuar como uma equipe no caso de ameaça à segurança de qualquer dos Estados-membros por parte de um terceiro (regra da mútua assistência). Cada uma dessas culturas da anarquia pode ser internalizada pelos Estados em três níveis distintos (força, interesse e legitimidade), isto é, existem três diferentes razões pelas quais os Estados decidem respeitar as normas da cultura em que estão inseridos. Assim, é possível internalizar qualquer uma dessas culturas pela força (ou coerção), pelo interesse (ou preço) ou pela legitimidade, sendo este último o grau máximo de internalização de uma cultura pelos Estados.

O que confere significado à anarquia, portanto, são os tipos de Estados que vivem nela e a estrutura de suas relações sociais. Nada sugere uma evolução progressiva necessária entre as mencionadas culturas políticas do sistema internacional, embora o autor termine sublinhando que a recorrência da violência na primeira delas e sua alta taxa de mortalidade criam incentivos para a criação de uma cultura lockeana, a qual, pela continuidade da violência e pelo aumento das forças de destruição em decorrência de sua lógica competitiva, gera incentivos para a criação de uma cultura kantiana. Mas não há necessidade histórica no argumento de Wendt – trata-se de uma questão de contingência; do contrário, seria difícil sustentar uma teoria construtivista ou seguir afirmando que "a anarquia é o que os Estados fazem dela". No entanto, o autor acredita que, mesmo não se tratando de uma progressão necessária, uma vez internalizada uma cultura lockeana, há poucas chances de degenerar em uma hobbesiana, assim como da cultura kantiana para a lockeana. Exceto em casos extremos, como um choque externo ou uma revolução na constituição doméstica dos Estados-membros, "o argumento sugere que a história da política internacional será unidirecional; se houver quaisquer mudanças estruturais, elas serão historicamente progressivas".[38] Nas palavras do autor, mesmo que não haja garantias de que o futuro será melhor do que o passado, ao menos há boas razões para pensar que ele não será pior.

Questões para discussão

1. Discuta as principais contribuições da teoria crítica para o desenvolvimento do "quarto debate teórico" das RI. Em que medida seus teóricos ajudaram a questionar as bases ontológicas e epistemológicas da disciplina?
2. Diferencie as duas principais vertentes da teoria crítica e discuta as implicações analíticas de se adotar cada uma delas. Quais são as diferenças do ponto de vista das práticas para a transformação das relações globais de poder?
3. O que significa, para os construtivistas sociais, a noção de que "a realidade é socialmente construída"? Como cada uma das vertentes apresentadas busca contribuir para a apresentação de novas visões sobre a construção social das relações internacionais?
4. Qual é a importância da "virada linguística" para os adeptos da vertente neoclássica e do construtivismo orientado por regras? Como essas vertentes se diferenciam da teoria construtivista elaborada por Wendt?

38 WENDT, 1999, p. 312.

Para saber mais

BURCHILL, Scott; LINKLATER, Andrew (Ed.). *Theories of International Relations*. Cambridge: Cambridge University Press, 1996.

GRIFFITHS, Martin (Ed.). *International Relations Theory for the Twenty-First Century:* An Introduction. New York: Routledge, 2007.

NEUMANN, I.; WAEVER, O. *The Future of International Relations:* Masters in the Making. London/New York: Routledge, 1997.

SMITH, Steve; BOOTH, Ken; ZALEWSKI, Marysia (Ed.). *International Theory:* Positivism and Beyond. Cambridge: Cambridge University Press, 1996.

Capítulo 4

As principais perspectivas teóricas contemporâneas (II): pós-estruturalismo, pós-modernismo, gênero e pós-colonialismo

Em certo sentido, este capítulo traz uma continuação do conteúdo apresentado no Capítulo 3. Nele serão apresentadas as principais abordagens teóricas contemporâneas, agora com ênfase nas perspectivas que, em geral, recebem menos atenção na literatura.

Como já foi dito, a lógica da apresentação permanece a mesma, isto é, em cada uma das três seções a seguir procuraremos discutir as principais fontes de inspiração e também as contribuições teóricas consideradas essenciais, primeiramente do pós-estruturalismo e do pós-modernismo, depois das perspectivas de gênero, e, por fim, do pós-colonialismo. As críticas apresentadas por essas novidades teóricas não se dirigem apenas às teorias tradicionais das RI, mas frequentemente atingem a própria disciplina como um todo – ao menos, da maneira como ela vinha sendo definida até então. Falar em teoria das RI, hoje, já não é mais falar apenas das teorias desenvolvidas durante a Guerra Fria, pois agora elas dividem espaço com as novas abordagens. Qualquer autoimagem contemporânea da teoria das RI deve levar em conta o influxo das perspectivas inspiradas na filosofia e nas demais ciências sociais contemporâneas.

4.1 Pós-estruturalismo e pós-modernismo

A partir dos anos 1980, aumentou a importância da crítica epistemológica nas RI dentro daquele que foi caracterizado como o "quarto debate". Ascenderam os questionamentos à linguagem, aos conceitos, aos métodos e à própria história (ou discurso dominante) dessa suposta "tradição de pensamento" ou disciplina. Em vez de tomar como dadas as afirmações sobre o conhecimento (epistemologia) ou mesmo as afirmações sobre o mundo do ser ou das entidades sociais (ontologia), os críticos opuseram-se às separações ortodoxas entre conhecimento/valores, conhecimento/realidade e conhecimento/poder. A crítica pós-positivista, em geral, e as críticas pós-estruturalistas e pós-modernas, em particular, romperam com a ortodoxia epistemológica das ciências sociais, segundo a qual o conhecimento deveria estar imune às influências do poder, isto é, a validade das afirmações epistemológicas e ontológicas dependeria da capacidade do teórico de suspender seus valores, interesses e as relações de poder nas quais o conhecimento está enredado. A lista dos autores que influenciaram a crítica pós-estruturalista inclui autores como Michel Foucault (1926-1984), Jacques Derrida (1930-2004), Pierre Bourdieu (1930-2002), Jean Baudrillard (1929-2007) e Giles Deleuze (1925-1995), entre outros. Alguns deles também serviram de inspiração aos críticos alinhados ao pós-modernismo (sobretudo Foucault e Derrida), que também utilizam conceitos e *insights* de autores como Emmanuel Levinas (1906-1995) e François Lyotard (1924-1998). Este último caracterizou a condição pós-moderna como "incredulidade em relação às metanarrativas", isto é, após as transformações sofridas pelos jogos de linguagem da ciência, das artes e da literatura iniciadas no século XIX, não é mais possível apoiarmo-nos em grandes narrativas em qualquer dessas áreas, o que inclui as "ciências" sociais.

A separação entre pós-estruturalismo e pós-modernismo não é tão nítida. Por isso, muitas vezes as contribuições dessas duas correntes são agrupadas em uma só; noutras esses rótulos são utilizados de forma intercambiável. Em geral, o pós-estruturalismo está mais preocupado em realizar uma crítica epistemológica a partir do reconhecimento da relação entre poder e conhecimento, da desconstrução de hierarquias conceituais típicas no pensamento ocidental, do questionamento de noções como racionalidade, verdade, razão, progresso etc., enquanto o pós-modernismo enfatiza a crítica às formas de poder modernas e às grandes narrativas que as fundamentam. Contudo, esses dois focos principais evidentemente se confundem, pois estes últimos também questionam as noções modernas recém-mencionadas e reconhecem o caráter indissociável do binômio poder-conhecimento. Para alguns, o pós-estruturalismo beira o relativismo epistemológico, enquanto o pós-modernismo o adota plenamente, mas nem sempre esse critério pode ser generalizado, como na visão sobre ética e relações internacionais feita por alguns autores pós-modernos influenciados por Levinas, ainda que se aplique àqueles mais influenciados por céticos como Lyotard. No caso dos autores das RI, a crescente lista de críticos foi influenciada por uma série de elementos comuns aos dois lados. Após indicar brevemente alguns dos pontos em comum, como a influência de Foucault e Derrida e de seus métodos de interpretação histórico-textual, conhecidos como "genealogia", "desconstrução" e "dupla leitura", difundidos entre ambas vertentes críticas, esta seção apresenta um esforço de separar as contribuições em dois itens. Espera-se que, ao final, a separação faça algum sentido para o leitor, embora, como todas as escolhas e classificações feitas ao longo do livro, ela não esteja livre de eventuais críticas.

Foucault, um dos pensadores mais influentes do mundo contemporâneo, entende que existe uma relação indissociável entre a produção do conhecimento e a produção do poder. É por isso que ele utiliza a ideia de um binômio saber-poder. Foucault sustenta que devemos admitir que (i) poder produz conhecimento; (ii) poder e conhecimento implicam-se mutuamente; e (iii) não há relações de poder sem a constituição de um campo de conhecimento, nem qualquer conhecimento que não pressuponha e constitua, ao mesmo tempo, relações de poder. Segundo Foucault, é preciso repensar criticamente alguns binômios, como a separação entre conhecimento e poder, mas também outras díades, como ideias e mundo material, razão e violência. Em particular, é interessante refletir sobre a noção de que não existe exterioridade entre aquilo a que ele chamou "técnicas de conhecimento" e "estratégias de poder". O que existe, no entanto, não é uma identidade, visto que são coisas passíveis de separação analítica, mas sim uma "regra de imanência", no sentido de uma consistência entre os "modos de interpretação" e as "operações de poder". Mais especificamente, devemos sempre questionar: que tipo de conhecimento emerge das configurações prevalecentes de poder, dando-lhe ao mesmo tempo origem e legitimidade? Ou como o conhecimento está implicado na constituição dos modos dominantes de subjetividade (por exemplo, das noções de indivíduo, de delinquente, do Estado etc.) e dos campos de ação (por exemplo, naquilo que conhecemos como "relações internacionais")?

Para Foucault, "a história é sempre uma história do presente", pois ela sempre é composta de uma perspectiva do tempo no qual é escrita. A história produz uma visão do "passado" a partir da visão de mundo do presente, uma vez que o propósito da compilação histórica também está situado no presente. Analisando a inscrição do conhecimento dito histórico ou social em relações de poder, Foucault opôs-se tanto ao empiricismo como ao idealismo e enfatizou a noção de "produção do conhecimento e da verdade". A verdade é uma produção discursiva que faz parte do mundo político e social, induzindo efeitos regulares de poder. Diferentes períodos históricos produzem diferentes "epistemes", cada qual com seus modos de pensar, explicar e compreender, assim como de ordenação, característicos. Nesse sentido, o que é considerado "racionalidade" ou "verdade" depende de certo "regime de verdade" prevalecente. Esse conceito enfatiza a conexão entre poder e conhecimento, isto é, o modo dominante de produção da verdade. Nos dias de hoje, a ciência (enquanto prática e método) possui a credibilidade de produção da verdade. Como sustenta Bourdieu, a teoria do conhecimento deve ser abordada como uma reserva de poder político, sobretudo por seu poder simbólico de impor os princípios da construção da realidade.

Ainda que não seja muito apropriado falar em "métodos de análise", pois o próprio Foucault criticaria essa noção tão arraigada na ciência moderna que ele passou a vida buscando desmontar, pode-se verificar que existem certos procedimentos utilizados pelos pós-estruturalistas e pós-modernos em suas interpretações, como a "genealogia" de Foucault e a "desconstrução" e a "dupla leitura" de Derrida. A genealogia é um conceito tomado de Nietzsche, mas que assume um significado preciso na obra de Foucault: ela constitui um estilo de pensamento histórico que expõe e registra a significância das relações entre poder e conhecimento. O método genealógico é uma forma de escrever "contra-histórias" que evidenciem os processos de exclusão e encobrimento. A história é vista como uma série de dominações e de imposições de poder e conhecimento; a verdade em si não existe – o que há, de uma perspectiva genealógica, é uma batalha contínua entre diferentes perspectivas e regimes de verdade. Autores influenciados por Foucault buscam enfatizar como certas representações particulares circulam e ajudam a produzir efeitos práticos. Difunde-se uma visão agonística da história, isto é, marcada por um conflito permanente – daí serem tão frequentes metáforas como "batalhas" e "guerras" para referir-se à história, à sociedade e ao conhecimento. Desse ponto de vista, as RI devem ser vistas como um campo de batalhas entre representações distintas, em que algumas delas tornam-se hegemônicas. Em outras palavras, suas discussões não são simples questões de epistemologia e ontologia. Elas dizem respeito à autoridade intelectual e às lutas pela imposição de interpretações autorizadas das relações internacionais.

No caso dos métodos desenvolvidos por Derrida, cabe ressaltar as ideias de "desconstrução" e de "dupla leitura". Essas duas estratégias advêm da centralidade da noção de "texto" para esse pensador: o mundo é um texto, no sentido de que ele não pode ser referido sem recurso a uma experiência interpretativa. Assim, as práticas e instituições sociais são tratadas em termos de suas capacidades de produção de significados. No dizer de Derrida, "não há nada fora do texto", ou, na expressão de Montaigne utilizada por Derrida, "nós precisamos interpretar interpretações, mais do que interpretar coisas". Quanto ao conceito de "desconstrução", pode-se dizer que se refere a um modo de desarranjar radicalmente conceitos estabilizados em termos de oposições. Para Derrida, as oposições conceituais nunca são neutras, mas inevitavelmente hierárquicas, isto é, um dos termos da oposição é privilegiado em detrimento do outro – a um dos termos são atribuídas características como "presença", "propriedade", "correção", "adequação", "completude", "pureza", "identidade" etc., enquanto o outro termo carece dessas mesmas características. O esforço de definir "o que é algo" costuma envolver a construção de dicotomias que opõem "aquilo que algo não é". No caso das RI, existem inúmeros pares de conceitos opostos, como "soberania-anarquia", "interno-externo", "guerra-paz", "desenvolvimento-subdesenvolvimento", por exemplo. Tais oposições são insustentáveis, pois cada um dos termos depende do outro. Derrida utiliza os termos "parasitismo estrutural" e "contaminação" para indicar que a diferença que se supõe existir entre dois conceitos opostos vem sempre acompanhada de uma diferença no interior de cada termo. Em consequência, as totalidades nunca estão completamente presentes ou propriamente estabelecidas e, sendo assim, não há estabilidade conceitual, mas apenas operações de estabilização. Trata-se de uma estratégia de interpretação e crítica que visa a fazer implodir conceitos teóricos e instituições sociais que pretendem a totalidade. Desconstruir é simplesmente mostrar que esse modo de estruturar conceitos (denominado "logocentrismo" pelo autor) e realidades sociais é problemático.

Outra conhecida estratégia que vem sendo aplicada às RI é aquela definida por Derrida como "dupla leitura". Ela pode ser considerada um tipo especial de "desconstrução", porém é aplicada não a oposições conceituais, mas a determinado texto, discurso ou instituição dominante. A estratégia recebe esse nome porque, primeiramente, o analista deve demonstrar como seu objeto aparenta coerência e consistência interna, isto é, como um discurso ou instituição produz seus "efeitos de estabilidade" ou é elaborada sua "identidade" e "homogeneidade". Trata-se, na primeira leitura, de uma repetição ou mímica da interpretação dominante. Depois, na segunda leitura, o objetivo é demonstrar as tensões internas e os pontos de instabilidade no interior do texto, discurso ou instituição. A segunda leitura tem por objetivo evidenciar como a leitura dominante (presente na primeira leitura) carrega seus elementos de tensão e crise, como carrega a potência de implosão. Trata-se de duas leituras que estão em contradição performática, não lógica. O propósito da dupla leitura é demonstrar como qualquer narrativa ou instituição depende da repressão ou do encobrimento de suas tensões internas para produzir efeitos estáveis de homogeneidade, continuidade, identidade etc. A seguir, é apresentada uma série de contribuições gerais e específicas do pós-estruturalismo e do pós-modernismo, introduzidas nas últimas décadas no âmbito do estudo das relações internacionais.

4.1.1 Contribuições do pós-estruturalismo ao estudo das RI

Atualmente, existe uma quantidade substancial de trabalhos classificados como pós-estruturalistas nas RI, ainda que muitos dos autores influenciados por essa perspectiva e seus argumentos recusem o rótulo. Seja como for, desde o início dos anos 1990 multiplicaram-se as pesquisas sobre temas específicos, deixando de lado a ênfase inicial de crítica às teorias tradicionais da área. Entre esses tópicos podem ser citados os seguintes: segurança, guerra, militarização, política externa, resolução de conflitos, economia política mundial, nacionalismo, fronteiras, migração, desenvolvimento, instituições internacionais, diplomacia, intervenção humanitária, fome, meio ambiente etc. Como se pode notar, a variedade de tópicos políticos abordados nas duas últimas décadas demonstra que há inúmeros estudos sobre temas substantivos das relações internacionais, o que modificou a tendência inicial de análise crítica dos discursos teóricos já estabelecidos no campo. De outro lado, a nomenclatura "pós-estruturalismo" é controversa nas diversas ciências humanas e sociais, e em RI não foge à regra. De qualquer modo, as contribuições incluídas nesta seção trouxeram para a disciplina algumas reflexões e conceitos de autores até então pouco familiares ou mesmo desconhecidos dos debates teóricos, mas que possuem orientações muito diferentes entre si. Suas principais fontes de inspiração fizeram parte do movimento intelectual pós-estruturalista, que se formou, a partir dos anos 1960, sobretudo por pensadores franceses. Apesar das diferenças internas à perspectiva pós-estruturalista sobre as relações internacionais, é possível identificar certas formas características de pensar. Quais seriam esses elementos que permitem visualizar certa unidade desse movimento intelectual?

O primeiro ponto em comum dessa perspectiva é o ceticismo quanto à possibilidade de construir teorias que expliquem as relações internacionais, de forma objetiva e imparcial. Assim como ocorre com outras perspectivas críticas, para os pós-estruturalistas não existe algo como uma teoria externa ao mundo, que possa ser embasada em observações imparciais da realidade, simplesmente porque os discursos teóricos são parte do mundo que pretendem descrever e explicar. Portanto, as teorias possuem efeitos políticos e sociais. Outro ponto em comum entre eles é a descrença diante da prática científica de associar noções de "essência" ou de "natureza" a determinadas entidades e estruturas sociais, como se elas fossem constantes e, portanto, independentes de seus condicionamentos espaciais e temporais. De acordo com essa postura "antiessencialista", o mais interessante é investigar os processos e práticas que produzem tal estado de coisas, isto é, que associam conceitos gerais e permanentes a entidades e estruturas que são, de fato, construções históricas contingentes. Por fim, um terceiro elemento comum é o questionamento de categorias fundamentais da filosofia moderna e das ciências construídas a partir de conceitos como "razão", "verdade", "certeza", "progresso", entre outros. Eles discordam que possa haver um fundamento racional para as ciências sociais, isto é, que se possa chegar a elaborar conhecimentos verdadeiros sobre o que chamamos "realidade", alcançando o almejado acúmulo progressivo de conhecimento social. Não existe algo como uma razão universal, e toda a afirmação da verdade está permeada por relações de poder e estruturas de dominação que a produzem, ao mesmo tempo que são produzidas ou reforçadas por esses saberes. O binômio "saber-poder" é compreendido como elemento indissociável dos processos de normatização da vida social e política.

Outro tópico de grande relevância para os pós-estruturalistas das RI é a concepção de "poder", ou, mais precisamente, de "relações de poder", oriunda principalmente de Foucault. O teórico propôs uma visão não convencional do poder, tradicionalmente definido como um recurso que os indivíduos, grupos, ou mesmo o Estado, possuem. Em seu lugar, Foucault sustenta que não se pode pensar que tais entidades existem previamente às relações de poder que as constituem. Isso explica por que ele prefere essa expressão ("relações de poder") à tradicional referência ao "poder". As relações de poder não podem ser compreendidas senão por meio de seu reconhecimento nos níveis microssociais, em vez da visão tradicional da centralização do poder em macroestruturas, como o Estado. Produzidas no plano micro, essas relações de poder teorizadas pelo filósofo permitem compreender que, em sentido diverso do que é tradicional, a resistência ao poder também é um elemento constitutivo delas, pois sem resistência não haveria algo que se poderia denominar "relação de poder". Outros dois conceitos usados pelo autor são recorrentes nas perspectivas pós-estruturalistas das RI: o primeiro é o conceito de "poder soberano", definido como o poder sobre a morte dos indivíduos submetidos a ele; o outro é o de "biopoder", definido como o poder exercido sobre populações. A ideia de biopolítica refere-se ao desenvolvimento, sobretudo a partir do século XVII, de mecanismos que impõem práticas disciplinares sobre coletividades como as que estão sujeitas às inúmeras formas modernas de controle, como as prisões, escolas, hospitais, quartéis, entre outras. Cada vez mais, o Estado vem exercendo esse tipo de controle, o qual não se dirige apenas aos sujeitos individuais, como no caso do poder soberano, mas a populações inteiras.

Outro tema recorrente nessa literatura envolve a crítica à noção moderna de sujeito. A ideia de subjetividade não existe sem um conjunto de práticas políticas, sociais e culturais correspondentes. Concretamente, o binômio saber-poder manifesta-se por meio de dispositivos produtores de subjetividade, isto é, os sujeitos sociais não existem sem os dispositivos de saber-poder que constituem suas identidades sociais. Em outras palavras, as ordens discursivas carregam relações de poder e são elementos constitutivos dos próprios sujeitos sociais. Conforme a sugestão de Derrida, "não há nada fora do texto". No caso da disciplina de RI, chama a atenção dos pós-estruturalistas, por exemplo, o modo como os estudiosos insistem na estabilidade e na continuidade do Estado como o ator central. A forma como a maioria dos estudiosos que compõem a disciplina conceitua o Estado, isto é, como uma unidade de análise estável, demonstra que as práticas sociais de afirmação do projeto político representado por essa identidade recebem elaborações discursivas correspondentes, as quais tendem a tratá-lo como uma estrutura permanente da política mundial, em vez de um constructo histórico marcado por relações de poder e discursos de legitimação. O mesmo ocorre com outros conceitos centrais das perspectivas dominantes, como a ideia de "anarquia", muitas vezes adotada como ponto de partida de teorias e análises das relações internacionais. Esse conceito, em vez de mera "descrição" da realidade internacional, é um dos pilares da própria construção/legitimação dos sujeitos que compõem o chamado "sistema internacional moderno". Os críticos pós-estruturalistas apontam como os supostos teóricos da anarquia e do Estado como ator central estão associados aos contextos políticos e intelectuais em que esses discursos foram produzidos. No fundo, essas suposições teóricas, entre outras que são verdadeiros elementos constitutivos da disciplina de RI, reproduzem a concepção moderna de sujeitos autônomos, racionais e preexistentes à própria realidade social de que fazem parte. O entendimento baseado na perspectiva pós-estruturalista pretende questionar esses "dados" da realidade internacional, considerando que sujeitos e estruturas sociais não existem independentemente dos discursos e práticas sociais que os constituem historicamente.

Outra crítica pós-estruturalista dirige-se ao papel dos discursos (por exemplo, as próprias teorias) como formas de articulação linguística que, no fundo, são também formas de ordenação do mundo. Existe uma continuidade entre as práticas discursivas e outras práticas sociais; cabe ao estudioso inserir esses discursos – que não se limitam às formas escritas ou mesmo à linguagem em um sentido estrito, mas se estendem a qualquer sistema simbólico – no seu universo ampliado de práticas sociais. Os saberes não podem ser desvinculados das relações de poder, e são esses saberes e poderes que constituem os próprios sujeitos sociais. Um exemplo da aplicação nas RI do argumento que vincula discurso e poder é a obra de Arturo Escobar, intitulada *Encountering Development: The Making and Unmaking of the Third World.*[1] Para ele, o "discurso do desenvolvimento" falhou em produzir os resultados esperados, isto é, o desenvolvimento econômico de áreas consideradas "subdesenvolvidas", mas cumpriu – e continua cumprindo – um papel de definição dos países que precisam se desenvolver, o que justifica, ao mesmo tempo, as inúmeras intervenções externas em suas políticas econômicas. Enfim, como visto anteriormente, aquilo que é denominado "ciência" insere-se em uma macroestrutura, que Foucault denominou "episteme" e que, ao mesmo tempo, confere sentido e guia a produção do conhecimento em determinada época histórica. Nesse sentido, pode-se concluir com a reflexão pós-estruturalista de que qualquer proposição só pode adquirir valor de verdade no âmbito dessa estrutura, isto é, nenhuma proposição científica pode ter valor por si só. Não existe algo como "a verdade", mas aquilo que está "no verdadeiro". É no interior de um *jogo* ou *regime* de verdade que são produzidos os discursos científicos, como é o caso das teorias das RI. Cada uma dessas macroestruturas constitui um "inconsciente do saber", regendo, cada qual à sua maneira, a produção de discursos de toda uma época.

4.1.2 O pós-modernismo e as críticas à teoria das RI

O pós-modernismo nas RI aproveita o potencial crítico de filósofos e autores de outras ciências sociais para questionar muitos dos pressupostos e estilos de pensamento dominantes no campo. Eles criticam o predomínio da razão instrumental, o discurso científico baseado na

1 ESCOBAR, Arturo. *Encountering Development:* The Making and Unmaking of the Third World. Princeton: Princeton University Press, 1995.

técnica e o esvaziamento das questões éticas e normativas nas teorias ortodoxas das RI. Apesar de unirem-se às críticas pós-positivistas de outras correntes, os pós-modernos diferenciam-se pela desconfiança diante da alegada possibilidade de reconstrução ou reforma do projeto iluminista e da ciência social moderna. A disciplina de RI é vista como uma fonte de poder/conhecimento que favorece a interpretação moderna do mundo, por exemplo, como uma realidade separada por diversos espaços domésticos e um ambiente internacional. O discurso da soberania estatal exerce um papel fundamental na legitimação dessa forma tipicamente moderna de organização da vida política, bem como o discurso da anarquia, que, em contraposição ao espaço interno/doméstico, concebe um mundo constituído de unidades políticas independentes que se relacionam nessa esfera de violência latente ou real e de incerteza. Esse conhecimento arraigado e difundido pela disciplina é interpretado como um mecanismo de legitimação das práticas correspondentes, constituindo ele mesmo uma fonte de produção de poder.

O pós-modernismo é marcado por uma recusa à ansiedade positivista herdada da filosofia cartesiana, cuja busca obsessiva por certezas e verdades científicas requer a elaboração de conceitos estáveis que perdurem ao longo do tempo. Em virtude dessa necessidade, os positivistas baseiam seu conhecimento na naturalização de certos pressupostos da atividade científica, os quais, uma vez questionados, retiram a autoridade e a legitimidade da própria ciência como um saber superior a outras formas de conhecimento. Não é à toa que as reações aos pós-modernos são geralmente violentas, pois atingem de modo direto, sem meias palavras, a legitimidade e o prestígio alcançado pelos acadêmicos das RI junto às demais ciências sociais e aos tomadores de decisão. O ataque pós-moderno considera que toda teoria é normativa, porquanto é formulada a partir de determinada visão de mundo, que, por sua vez, reflete as preferências valorativas e políticas da perspectiva adotada. Assim, o pós-modernismo adota um "perspectivismo", isto é, qualquer análise sobre a realidade social resulta de uma interpretação particular dessa realidade, sendo seus pressupostos sujeitos à discussão por pensadores que adotem perspectivas diversas. Essa atitude não raramente desliza para um relativismo científico e moral, embora nem todos os autores pós-modernos das RI abracem o relativismo absoluto.

A modernidade é marcada pela estabilização de certas categorias e práticas políticas, como soberania, anarquia, fronteiras, identidade etc., entre outros discursos e instituições que tornam possível a hegemonia do Estado soberano como forma predominante de subjetividade. A negação de outras formas de subjetividade é parte desse discurso dominante, como revelam conceitos contemporâneos como "quase-Estados" ou "Estados falidos". É importante frisar que esses modos dominantes de subjetividade não fluem naturalmente nem são necessários, mas resultam de contingências históricas e atingem a hegemonia no tempo e no espaço por meios coercitivos diretos, como intervenções e sanções, unilaterais ou não, ou outros meios coercitivos menos diretos, como condições para a concessão de ajuda externa, meios diplomáticos, entre outros. O pós-modernismo busca compreender esses processos e evidenciar suas inconsistências e tensões, com o propósito de impulsionar a desestabilização dos discursos modernos e de suas instituições dominantes.

O discurso da soberania estatal baseada em um território exclusivo e excludente é um elemento fundamental da própria modernidade, na medida em que ele é necessário para a realização das promessas modernas de liberdade e autonomia individuais. É no universo nacional representado por esse discurso que os indivíduos devem buscar sua realização e seus direitos. Um corolário dessa leitura moderna é a própria impossibilidade da construção de uma comunidade internacional que não dependa da intermediação dos Estados. Os autores pós-modernos buscam demonstrar como essa interpretação apresenta uma série de limitações e tensões internas, embora os discursos teóricos tradicionais, em especial o realismo político, apresentem-na como um dado objetivo, natural, racional e autoevidente. Alguns exemplos desse esforço do pós-modernismo são dados a seguir, através da desconstrução da problemática da anarquia, da análise genealógica da violência original do Estado, das questões de identidade e fronteiras nacionais e, finalmente, pela análise das deficiências das teorias ortodoxas das RI para lidar com determinados processos políticos contemporâneos.

Um dos trabalhos mais conhecidos foi a análise pioneira de Richard Ashley[2], em *Untying the Sovereign State: A Double Reading of the Anarchy Problematique*, artigo no qual o autor analisa os efeitos teóricos e práticos do conceito de "anarquia" nas RI. Pela leitura realista da anarquia, sua definição como ausência de autoridade superior aos Estados implica a dedução de determinada descrição das relações internacionais, isto é, das relações entre Estados como a busca autointeressada pelo poder, o que justifica as ações baseadas na força, no princípio da territorialidade ou na ideia de "razão de Estado". Ao aplicar o método da "dupla leitura" de Derrida, Ashley problematiza a dedução da política de poder como corolário da ausência de autoridade central no sistema de Estados. A "problemática da anarquia" depende da oposição conceitual entre "soberania" e "anarquia", em que o primeiro conceito é valorizado como um ideal regulador, enquanto o outro é tratado como a ausência ou a negação da soberania. Ou seja, a anarquia adquire significado como a antítese da soberania, pois o primeiro termo é associado a diferença, heterogeneidade, desordem, ameaça, recorrência e repetição, enquanto a ideia de soberania é associada aos opostos identidade, homogeneidade, ordem, progresso e uso legítimo da força. Os dois conceitos, dentro do discurso analisado pelo autor, são tratados como se fossem mutuamente exclusivos e exaustivos. No entanto, para representar soberania e anarquia como exclusivos e excludentes entre si, é preciso que os Estados eliminem quaisquer traços de anarquia em seu interior, reprimindo as tensões

2 ASHLEY, Richard. Untying the Sovereign State: A Double Reading of the Anarchy Problematique. *Millenium*, v. 17, n. 2, 1988a.

internas ao próprio conceito de soberania, o qual não elimina a existência de lutas internas, a que Ashley denomina "lutas transversais".

Outro tema relevante do pós-modernismo diz respeito a uma análise da violência inerente ao Estado moderno. Nessa visão, a violência é um aspecto constitutivo da vida política moderna, o que diferencia os autores dessa corrente de pensamento das visões tradicionais do papel da violência nas relações internacionais. A violência é um elemento da própria estrutura ontológica dos Estados, que, ao contrário das teorias tradicionais, não são tomados como dados. Os pós-modernos apontam a natureza ambivalente da relação entre política e violência na modernidade: por um lado, a violência constitui a proteção da comunidade soberana e, por outro, ela é a condição da qual os cidadãos devem ser protegidos. R. B. J. Walker[3], por exemplo, aponta para a relação paradoxal entre violência e Estado moderno. Ele expõe a exclusão espacial que dá origem ao Estado, a qual relega às "relações internacionais" a naturalidade e inevitabilidade da violência. Nesse mesmo caminho, Bradley S. Klein[4] argumenta que os Estados confiam na violência para definir-se como Estado, diferenciando o espaço "interno" do "externo". Em seu trabalho, ele analisa como emergiram na história essas unidades políticas capazes de centralizar a violência estratégica, responsável não apenas por "patrulhar as fronteiras", mas também por constituir o próprio Estado enquanto tal. O teórico Richard Ashley[5] argumenta que "o Estado é um suplemento da modernidade" e que ele é um elemento essencial da modernidade, havendo ainda uma relação íntima entre violência e Estado moderno. Portanto, não se pode supor que tenha ocorrido uma humanização da política na modernidade, uma vez que a violência é um elemento constitutivo da vida moderna. A violência é um elemento constitutivo da própria divisão moderna do espaço político, relacionando-se com a demarcação das fronteiras e das identidades, outros dois temas relevantes da abordagem pós-moderna.

A inscrição dos Estados em fronteiras nacionais que demarcam seus territórios e dividem o espaço político mundial é outro elemento da agenda teórica dos autores pós-modernos das RI. Evidentemente, a delimitação das fronteiras políticas dos Estados é um ato que não pode ser visto como algo inocente, natural ou pré-político; ao contrário, trata-se de um ato com profundas significações políticas e morais. Qualquer sujeito político, como é o caso do Estado soberano, é marcado por fronteiras físicas, simbólicas e ideológicas. O interesse desses autores recai sobre o modo como as fronteiras servem para representar e legitimar o Estado enquanto sujeito dotado de identidade política, ao mesmo tempo tornando possível a constituição da oposição entre o espaço

3 WALKER, R. B. J. *Inside/Outside:* International Relations as Political Theory. Cambridge: Cambridge University Press, 1993.

4 KLEIN, Bradley S. *Strategic and World Order:* The Global Politics of Deterrence. Cambridge: Cambridge University Press, 1994.

5 ASHLEY, Richard. Geopolitics, supplementary criticism: a reply to Professors Roy and Walker. *Alternatives*, v. 13, 1988b.

soberano e a anarquia internacional. Ao mesmo tempo, o pós-modernismo ajuda a efetivar uma desconstrução da identidade, como definida nos discursos de segurança e de política externa. As questões de identidade e diferença também são fundamentais para a estruturação do moderno sistema de Estados. Os discursos e as práticas atrelados à noção da identidade nacional de uma entidade política definida territorialmente trazem consigo uma oposição nem sempre evidente. Os autores pós-modernos estão particularmente interessados no modo como esses discursos e práticas moldam os ambientes definidos tradicionalmente como "interno/soberano" e "externo/anárquico". A noção de identidade depende da constituição de uma exclusão que, nos discursos geopolíticos, é associada à noção de ameaça. Sendo assim, nos discursos de segurança nacional e política externa opõem-se a identidade domesticada de "nós" (*self*) e a diferença ameaçadora do "outro" (*alter*). Adicionalmente, o discurso da identidade nacional legitima a exclusão ou perseguição de qualquer agente "interno" que seja definido como uma ameaça – tome-se como exemplo a perseguição daqueles que eram acusados de serem "comunistas" nos Estados Unidos durante a Guerra Fria, nos termos da "doutrina do *containment*" e, em especial, no período conhecido como McCarthismo. Em resumo, a oposição identidade-diferença reproduz-se em uma série de oposições conceituais correspondentes, como soberania-anarquia, doméstico-internacional, nós-eles, superior-inferior, segurança-ameaça etc.

A mais conhecida crítica normativa dos pós-modernos foi realizada por R. B. J. Walker. Seu objetivo, no livro *Inside/Outside: International Relations as Political Theory*[6], é desestabilizar oposições conceituais e as práticas legitimadas pela soberania estatal. Segundo ele, é cada vez mais difícil sustentar a organização da vida política moderna em termos de Estados soberanos e suas fronteiras. O princípio da soberania, tal como definido na modernidade, envolve uma "ética da exclusão absoluta", ou seja, a soberania estatal contém uma teoria normativa. Isso nem sempre está explícito nas perspectivas teóricas tradicionais. Assim como outros autores pós-modernos, Walker questiona se a organização da política mundial em torno de Estados soberanos é a única forma possível – evidentemente, para eles é preciso repensar as questões de identidade e de comunidade, de forma a transcender essa forma política especificamente moderna. É possível pensar esses conceitos sem adotar uma ética da exclusão absoluta.

Muitas das teorias tradicionais das RI são criticadas por não conseguirem tratar de mudanças ocorridas na política mundial, como a sobreposição das fronteiras nacionais, o impacto das novas tecnologias na formação de comunidades transnacionais, entre outros processos contemporâneos. Assim, ironicamente, atacam-se as bases empíricas daqueles que são geralmente considerados "empiricistas", e suas teorias são lidas como meras representações abstratas, sem correspondência com a realidade, ou como simulacros do real, para usar a expressão do filósofo francês Jean Baudrillard. Como observa Walker[7], a ordem descrita como o sistema

6 WALKER, 1993.

7 WALKER, 1993.

de Estados moderno encontra-se sob constante pressão, na medida em que se aceleram os fluxos globais das mais diversas naturezas. De outro lado, essas teorias são analisadas com profundidade, até porque representam discursos sobre o poder dos Estados e o lugar da violência no mundo contemporâneo. A estratégia dos críticos pós-modernos é mostrar como os discursos teóricos vigentes legitimam a centralidade do Estado; sendo assim, exercem um papel importante na vida política cotidiana, não apenas no âmbito convencionalmente definido como "relações internacionais", mas também na capacidade de controle que os Estados exercem sobre suas respectivas populações. Sem os discursos sobre poder das teorias políticas, sequer poderíamos conceber as práticas políticas que definem a modernidade.

4.2 Perspectivas de gênero

Existe uma enorme multiplicidade de abordagens de gênero nas RI, talvez maior do que acontece com as demais perspectivas contidas neste livro. Apesar disso, pode-se reconhecê-las como uma perspectiva coerente, na medida em que há uma série de entendimentos comuns sobre a necessidade de incluir as questões de gênero nos debates teóricos da disciplina. De qualquer modo, o primeiro destaque é dado à complexidade interna do campo feminista, seja em termos de inclinações teóricas e epistemológicas, de agendas de investigação empírica, seja em termos de ênfases e preferências normativas. Há "feministas liberais" (que privilegiam a promoção dos direitos individuais e da igualdade entre mulheres e homens na democracia), "radicais" (que alegam a possibilidade de transformar a cultura patriarcal em prol de melhores sociedades baseadas nas virtudes femininas) e "socialistas" (que enfatizam o peso do gênero sobre as classes econômicas, a partir das dinâmicas produzidas ou aprofundadas pelo sistema capitalista). Além dessas vertentes, mais inclinadas à possibilidade de um conhecimento "científico" das desigualdades de gênero, também há contribuições inspiradas em novas abordagens das RI, como o "ponto de vista feminista" (que se apresenta como uma epistemologia capaz de fornecer um modo particular de enxergar o mundo, crítico e próprio das diversas condições de vida das mulheres), as "feministas construtivistas sociais" (que destacam o caráter socialmente construído dos papéis sociais, ideias e práticas institucionalizadas e associadas aos diferentes gêneros), "pós-estruturalistas" (que dão atenção às hierarquias conceituais, identidades e outras imagens enraizadas em determinadas formas de pensar e nas práticas sociais correspondentes) e "pós-modernas" (que sustentam a necessidade de abordagens mais inclusivas e conscientes das relações de poder infiltradas nas teorias e conceitos que compõem a disciplina), entre outras. Ao contrário das demais perspectivas teóricas, quase todos os estudos de gênero são realizados por mulheres, em uma disciplina tradicionalmente dominada por teóricos do sexo masculino. A seguir, serão enfatizados alguns elementos centrais das inúmeras perspectivas de gênero e, depois, destacados os elementos centrais de algumas delas.

O principal elemento comum das feministas está no reconhecimento de que as desigualdades entre homens e mulheres estão associadas a diferenças de gênero, ou seja, elas estão enraizadas em uma série de expectativas e padrões de comportamento aprendidos socialmente. As perspectivas feministas preocupam-se em avaliar como os modos predominantes de pensar as relações internacionais tendem a encobrir essas diferenças e reproduzir a hierarquia entre os gêneros, ou em propor conceitos próprios e analisar a posição inferior das mulheres no sistema econômico e político internacional, ou, ainda, em analisar o papel de agência das mulheres na sustentação das forças econômicas globais ou nas interações políticas internacionais, na medida em que muitos papéis desempenhados pelas mulheres são invisíveis nas demais abordagens teóricas. O que ocorre com a nossa compreensão das relações internacionais, quando se colocam as mulheres no centro das atenções epistemológicas? E o que se perde quando se deixam de lado as persistentes desigualdades de gênero construídas ao longo da história? No primeiro caso, trata-se de expor os variados papéis de agência desempenhados pelas mulheres, por exemplo, na sustentação das forças econômicas globais ou das relações interestatais, enquanto, no segundo caso, trata-se de apresentar uma crítica às tendências teóricas mais bem estabelecidas na disciplina. Portanto, além de possuírem agendas de investigação próprias, muitas feministas das RI também se dedicam a criticar o modo como a agenda de pesquisa e as categorias de análise utilizadas em RI revelam formas predominantes de ocultar as questões de gênero.

A maioria das teóricas encontradas na literatura distingue as noções de "gênero" e de "sexo": a primeira categoria é tratada como um conceito culturalmente definido, enquanto a segunda envolve uma definição biológica ou natural. Naturalmente, aquelas que insistem em diferenciar gênero e sexo costumam enfatizar o primeiro conceito, dando destaque ao gênero como uma construção social. Isso demonstra uma afinidade entre o feminismo e outras abordagens teóricas pós-positivistas das RI, em especial com o construtivismo social, o pós-estruturalismo e o pós-modernismo. Em suma, gênero é uma noção que se refere a um conjunto de expectativas e papéis sociais que, no fundo, refletem uma série de valores e significados construídos socialmente, os quais, por sua vez, são amplamente compartilhados nas diversas sociedades contemporâneas, tanto por homens como por mulheres, que atribuem esses valores e significados às noções de masculino e feminino. Entretanto, há estudiosos, como Joshua Goldstein[8], que argumentam que a diferenciação gera uma falsa dicotomia entre os fatores altamente interdependentes que são a cultura e a biologia. Em seu livro *War and Gender: How Gender Shapes the War System and Vice Versa*[9], Goldstein sustenta que os elementos biológicos fornecem diversas potencialidades, cabendo à cultura o papel de limitar parte des-

8 GOLDSTEIN, Joshua. *War and Gender:* How Gender Shapes the War System and Vice Versa. Cambridge: Cambridge University Press, 2001.

9 GOLDSTEIN, 2001.

sas potencialidades naturais. Para ele, o conceito de gênero inclui tanto elementos biológicos como naturais e, sendo assim, a distinção conceitual perderia a razão de existir, mas essa não é uma postura comum na literatura.

Além disso, deve ser feito o seguinte esclarecimento ao leitor: neste livro, as expressões "perspectivas de gênero" e "perspectivas feministas" serão utilizadas como equivalentes, embora haja autoras que prefiram diferenciá-las. Esse é o caso de Cynthia Enloe, uma das principais teóricas das RI. Ela entende que as "análises de gênero" são sempre sobre "masculinidades" e "feminilidades", isto é, referem-se aos significados diversos, ainda que contestados, atrelados aos papéis sociais de homens e mulheres, suas relações mútuas e com as instituições sociais. De outro lado, Enloe argumenta que as "análises feministas" vão além das análises sobre os significados do masculino e do feminino, pois colocam a questão das relações de poder no centro de seus interesses teóricos e empíricos. Para ela, nada impede que uma análise de gênero introduza a questão do poder, mas isso não é uma necessidade. Porém, "uma análise de gênero que omite uma análise feminista é inadequada".[10] Em defesa da equivalência, pode-se contra-argumentar dizendo que o interesse nos efeitos políticos e sociais das distinções de gênero está presente em todas as vertentes teóricas analisadas, assim como a questão das relações assimétricas de poder e das circunstâncias concretas de opressão e exclusão política é sempre associada às distinções baseadas nos diferentes gêneros.

O encontro do feminismo com as novas abordagens do "quarto debate teórico" nas RI tem levado à elaboração de uma série de contribuições interessantes, embora nem sempre convergentes. Por um lado, percebe-se uma convergência em torno do interesse em repensar as fundações ontológicas e epistemológicas da disciplina. Assim como as outras abordagens críticas, as feministas desconfiam da possibilidade de produzir conhecimento puramente "científico", e, nesse sentido, compartilham a visão das RI como um campo comprometido com metodologias positivistas e suas reivindicações epistemológicas subjacentes (objetividade, neutralidade, universalidade etc.). Outra afinidade é a preferência por análises histórico-sociais dos temas investigados, em lugar da busca de conceitos trans-históricos ou essenciais. Por outro lado, as feministas destacam-se das demais abordagens por enfatizarem como mesmo essas novas perspectivas continuam silentes sobre os fenômenos associados às diferenças de gênero, isto é, como as RI continuam desconhecendo essas assimetrias. Como afirma J. Ann Tickner, no livro *Gendering World Politics: Issues and Approaches in the Post-Cold War Era*[11], embora haja afinidades entre o feminismo das RI e as teorias críticas ou pós-positivistas da disciplina, suas raízes na teoria feminista e seu compromisso com a importância do gênero

CAPÍTULO 4

10 ENLOE, Cynthia. Feminism. In: GRIFFITHS, Martin (Ed.). *International Relations Theory for the Twenty-First Century:* An Introduction. New York: Routledge, 2007, p. 101.

11 ANN TICKNER, J. *Gendering World Politics:* Issues and Approaches in the Post-Cold War Era. New York: Columbia University Press, 2001.

como categoria de análise tornam essa literatura um corpo distinto e diferenciado. Segundo ela, "a principal preocupação da teoria feminista é explicar a subordinação das mulheres ou a assimetria injustificada entre as posições social e econômica de homens e mulheres", mesmo que haja divergência entre as vertentes feministas sobre o que é essa subordinação, como explicá-la e como suplantá-la.

As "feministas liberais" reivindicam fazer parte de uma longa tradição de pensamento, preocupada com a igualdade de direitos entre homens e mulheres. Suas raízes mais remotas são associadas a escritoras dos últimos três a quatro séculos, incluindo nomes como Mary Astell (1666-1731), Mary Wollstonecraft (1759-1797) e Harriet Taylor (1807-1858). Entre as filósofas do século XX, não necessariamente liberais, mas que influenciaram diferentes vertentes do feminismo, vale destacar os nomes de Simone de Beauvoir (1908-1986), Julia Kristeva (1941-) e Judith Butler (1956-). A título de exemplo, Wollstonecraft publicou, em 1792, o livro *A Vindication of the Rights of Woman*, muito citado como uma crítica às lógicas patriarcais subjacentes à Revolução Francesa, a despeito das afirmações radicais de igualdade do movimento. A extensão dos direitos apenas aos cidadãos do sexo masculino era um sinal de que a igualdade entre homens e mulheres não era uma consequência necessária do fim do Antigo Regime – o que voltaria a se repetir em outras revoluções, como na Rússia do início do século XX, na libertação da Argélia nos anos 1960 e na Nicarágua dos anos 1980.[12] As teóricas feministas liberais reivindicam o reconhecimento das mesmas capacidades racionais e dos direitos fundamentais aos indivíduos de ambos os sexos. Sem romper com as tradições empiricistas do conhecimento, as feministas liberais buscam mostrar objetivamente a necessidade de incluir as temáticas de gênero nas análises políticas internacionais. A questão, portanto, é mais temática do que metodológica ou epistemológica. Não há nada de errado com os métodos científicos positivistas; a questão é introduzir as diferenças de gênero e suas implicações políticas nas análises realizadas nas RI.

Além disso, as feministas liberais adotam uma concepção individualista da natureza humana. Elas denunciam que, enquanto os homens são tratados como "indivíduos" e "racionais" nas narrativas dominantes da história, em geral as mulheres são tratadas simplesmente como "grupo" ou como "fêmeas"; enquanto os homens são valorizados por seu papel "produtivo" na sociedade, às mulheres cabe o papel "reprodutivo"; enquanto os homens são descritos como "agentes", às mulheres é negado ou distorcido o papel de agência social. Ao tratar do gênero como variável, as liberais pretendem dar maior visibilidade a essas questões. De outro lado, muitos trabalhos empíricos buscam demonstrar como os indivíduos do sexo feminino compõem um grupo desprivilegiado: nos estudos de segurança, mostram o aumento do número de vítimas civis nas guerras, principalmente de mulheres e crianças, a alta incidência de estupros em circunstâncias de conflitos armados, ou, ainda, as redes de prostituição associadas

12 ENLOE, 2007.

às guerras, ocupações e mesmo proximidades de bases militares no exterior; nos estudos de economia política e globalização, elas destacam o aumento da desigualdade econômica e a variedade das experiências das mulheres, em termos de raça, classe e localização geográfica, o impacto diferenciado das reformas estruturais implantadas desde os anos 1980, em diferentes regiões do mundo; nos estudos de política democrática e direitos humanos, denunciam o viés ocidental, formal e patriarcal desses direitos, bem como a baixa presença das mulheres em cargos eletivos executivos ou parlamentares, ou em outros espaços de poder, como na diplomacia ou nas forças armadas. Esses são apenas alguns exemplos dos temas empíricos abordados pelas feministas liberais, embora, ao contrário do liberalismo clássico, tradicionalmente ligado à ideia de "Estado mínimo", muitas feministas reivindiquem políticas públicas estatais (ou de organizações intergovernamentais) capazes de promover a igualdade real de direitos entre os gêneros.

Existem outras perspectivas que se dedicam muito mais aos temas substantivos do que às questões epistemológicas. As "feministas socialistas", em primeiro lugar, sustentam que a ênfase do materialismo histórico sobre os modos de produção deve ser complementada pela análise da opressão de gênero originada no modo de reprodução. Mais precisamente, a vida moderna reduz as mulheres aos papéis de reprodução biológica e donas de casa, os quais lhes ocasionam dependência econômica e, consequentemente, menor autonomia para projetar e gerenciar seus próprios destinos. Mesmo não sendo socialistas, muitas feministas destacam as "circunstâncias materiais de vida" das mulheres, que vivenciam diferenças associadas ao gênero e, muitas vezes, estão institucionalizadas na ordem política e econômica. Por exemplo, no mercado de trabalho, que reproduz a dicotomia público/privado, o esforço feito pelos homens é visível e pago, enquanto boa parte do trabalho feito pelas mulheres é invisível e não remunerado. De acordo com conceito elaborado pelo Programa das Nações Unidas para o Desenvolvimento (PNUD), trata-se de uma "produção invisível". Mesmo nas sociedades industriais avançadas, após muitas décadas de grande participação feminina na força de trabalho, persistem diversas formas de discriminação e desigualdade de gênero. Outro caso é o da maioria dos indicadores e estatísticas oficiais, que ocultam a posição desigual das mulheres, isto é, em muitos países esses dados não são sensíveis à questão de gênero, quando medem taxas de desemprego, renda per capita etc. Essas e outras circunstâncias materiais somam-se àquelas enraizadas nas dimensões simbólicas associadas às "masculinidades" e "feminilidades", bem como interagem com as diferenças de raça e localização geográfica, o que introduz também diferenças dentro de cada gênero, não apenas entre eles.

As "feministas radicais", surgidas principalmente dos movimentos de mulheres entre as décadas de 1960 e 1970, criticam a crença liberal de que o complexo sistema de opressão das mulheres possa ser suplantado pela remoção de entraves legais ou pela extensão de direitos. Para as radicais, o discurso da igualdade esconde a persistência da cultura patriarcal, expressão da dominação masculina nas ideias e práticas que sustentam a opressão feminina. Uma das saídas é a valorização das virtudes femininas que são tradicionalmente desvalorizadas nas sociedades patriarcais. Sara Ruddick é uma das principais representantes dessa vertente nas RI. No livro *Maternal Thinking: Towards a Politics of Peace*[13], a autora defende que a "experiência maternal" e a tendência a "cuidar do próximo" poderiam servir de importante modelo para a participação cívica e a superação do militarismo. Outras autoras, ligadas aos estudos pela paz, aproveitam esse *insight* para sustentar que a socialização das mulheres poderia servir de exemplo para a promoção de formas pacíficas de resolução dos conflitos. O pensamento radical inverte a hierarquia de gêneros para alegar que o campo semântico associado à "feminilidade" é superior à hegemonia da masculinidade prevalecente na cultura patriarcal. Por exemplo, enquanto o pensamento patriarcal é marcado pelas divisões e oposições, o modo feminino de conhecer constrói suas visões de mundo pelas relações e conexões, como alega Carole Gilligan, no livro *In a Different Voice: Psychologial Theory and Women's Development*[14]. No entanto, como alega a maioria das feministas, esse tipo de argumentação produz o efeito perverso de reforçar as oposições binárias supostas nas identidades e estruturas tradicionais de gênero. Além disso, isso ajuda a reforçar a visão equivocada de que o feminismo serve a uma espécie de revanchismo.

O chamado "ponto de vista feminista" é definido como uma epistemologia particular apta a utilizar as circunstâncias específicas da vida das mulheres como uma plataforma privilegiada para a elaboração de uma visão ao mesmo tempo objetiva e crítica da política mundial. De acordo com Sandra Harding[15], o fato de as mulheres se encontrarem "às margens" das relações globais de poder lhes fornece uma base apropriada para uma "forte objetividade", pois elas não compartilham da cumplicidade ou da cegueira diante das instituições e relações de poder dominantes. Em outras palavras, é perfeitamente possível conciliar objetividade científica, crítica social e conhecimento socialmente situado. Nesse "ponto de vista feminista", Ann Tickner[16] formulou sua conhecida crítica dos "seis princípios do realismo político" de Morgenthau, que para ela fornecem uma "compreensão androcêntrica do poder", porquanto inspirada em valores associados à "masculinidade", como a ideia de "agência autônoma" ou do "poder sobre algo". Outra famosa defensora dessa vertente, Christine Sylvester[17], sustenta que as caracterizações da política internacional como "sistema de autoajuda" (em inglês, *self-help system*) ignoram uma série de elementos mais associados às relações interdependentes,

13 RUDDICK, Sara. *Maternal Thinking:* Towards a Politics of Peace. Boston: Beacon Press, 1989.

14 GILLIGAN, Carole. In a *Different Voice:* Psychologial Theory and Women's Development. Cambridge: Cambridge University Press, 1982.

15 HARDING, Sandra. Strong Objectivity. *Social Research*, v. 59, 1992.

16 ANN TICKNER, J. A Critique Of Morgenthau's Principles of Political Realism: A Feminist Reformulation. *Millenium*, v. 17, n. 3, 1988.

17 SYLVESTER, Christine. Feminist Theory and Gender Studies in International Relations. *International Studies Notes*, v. 16, n. 1, 1992.

o que permite aos realistas descrever as relações internacionais como "política de poder", associando-a aos pontos de vista masculinos e excluindo as características associadas ao universo simbólico da feminilidade.

Sobre este último ponto, existe uma contribuição importante das vertentes construtivistas, pós-estruturalistas e pós-modernistas do feminismo. Trata-se da concepção, compartilhada pela maioria das perspectivas de gênero, de que os papéis, ideias e práticas associadas ao "masculino" ou ao "feminino" são construções sociais realizadas ao longo do tempo. Sendo assim, elas são contingentes e sujeitas à transformação. O campo semântico da "masculinidade" é associado, por homens e mulheres, a uma série de significados sociais positivos, como "poder", "autonomia", "independência", "racionalidade", "ação", "esfera pública", entre outros, enquanto a "feminilidade" é associada aos seus opostos negativos ou inferiores (isto é, "fraqueza", "conexão", "dependência", "emotividade", "passividade", "esfera privada" etc.). Não é possível pensar num campo semântico sem pensar em sua relação como o outro. Ainda que variem entre as diferentes culturas e ao longo do tempo, esses campos semânticos costumam apontar para a hegemonia da masculinidade, mesmo que nem todos os homens se enquadrem em seus estereótipos. O mais importante, apontam as teóricas feministas, é prestar atenção a suas funções sociais e efeitos estruturais. Ainda que esses efeitos sejam produzidos primariamente no âmbito tradicionalmente definido como "doméstico", seu alcance transcende o plano familiar e abrange uma série de âmbitos sociais, econômicos e políticos. Na verdade, a própria dicotomia moderna entre o "público" e o "privado" é posto em xeque pela maioria das perspectivas feministas.

Para concluir esta breve seção, pode-se dizer que as controvérsias existentes entre as perspectivas feministas provavelmente são tão importantes quanto as divergências existentes entre elas e as demais abordagens teóricas das RI, sejam aquelas mais tradicionais, sejam elas as principais participantes do "quarto debate". Por isso, este trecho do livro procurou abrir um leque dessas vertentes e contribuições do feminismo. Em conjunto, elas auxiliam os estudiosos das relações internacionais a expandir seus horizontes intelectuais, no sentido atribuído ao termo por Cynthia Enloe, no livro *Bananas, Beaches, and Bases: Making Feminist Sense of International Politicsi.*[18] Para ela, esses horizontes definem o que é importante para o estudo das relações internacionais e, portanto, são indispensáveis. Porém, os horizontes intelectuais também são elementos que restringem nossos interesses cognitivos e políticos. Na visão crítica da autora, aquilo que era tradicionalmente visto como "relevante" para a disciplina, isto é, seus horizontes intelectuais, é definido por regras sociais de exclusão, ou, mais precisamente, por regras sexistas de exclusão. A maior inclusão das perspectivas feministas nos debates teóricos das

18 ENLOE, Cynthia. *Bananas, Beaches, and Bases:* Making Feminist Sense of International Politics. Berkeley: Berkeley University Press, 1990.

RI tem modificado, ainda que gradualmente, essa realidade de nossos horizontes intelectuais restringidos pela assimetria entre os gêneros.

4.3 Pós-colonialismo

Os estudos pós-coloniais trouxeram para a disciplina das RI, a partir dos anos 1990, uma abordagem que há muito perpassa inúmeras áreas do conhecimento, como os estudos culturais, antropologia, geografia, história, ciência política, literatura e estudos do desenvolvimento, entre outras. Nesse sentido, o pós-colonialismo é efetivamente uma abordagem multidisciplinar. Desde as diversas perspectivas pós-coloniais, qualquer compreensão das relações internacionais contemporâneas requer uma análise cuidadosa das múltiplas relações de poder que vinculam o "Norte" e o "Sul", tanto no passado colonial como no presente pós-colonial. Entretanto, vale sublinhar que a questão não é meramente geográfica, mas sim de fornecer uma visão diferente da história e do mundo atual. A questão central é a continuidade das estruturas e relações de poder profundamente assimétricas entre as diferentes regiões do mundo e seus respectivos povos. O pós-colonialismo tem afinidade com outras perspectivas, em especial com o pós-estruturalismo e o pós-modernismo, destacando como a disciplina deve ser interpretada como uma área do conhecimento que apenas reforça a dominação ocidental, tanto em seu aspecto político como em seu aspecto epistemológico. No entanto, diferentemente das outras abordagens pós-positivistas, os discursos pós-coloniais enfatizam o peso permanente das relações coloniais e de suas formas particulares de dominação política, econômica e cultural.

Nesse sentido, se de um lado há elementos de continuidade com pós-estruturalistas e pós-modernos, constatados na influência de autores mencionados na seção anterior, como Foucault e Derrida, também se deve reconhecer que, nos escritos pós-coloniais, as ideias desses filósofos adquirem novos significados ou são utilizadas de forma inovadora. Além disso, há que se reconhecer um panteão de fontes de inspiração que jamais haviam sido utilizadas na área de RI antes da consolidação da perspectiva pós-colonial, fato ocorrido nas duas últimas décadas. Em que outra perspectiva incluir precursores como Tzvetan Todorov (1939-), Edward Said (1935-2003), Gayatri Spivak (1942-), Franz Fanon (1925-1961), Amilcar Cabral (1924-1973), Homi K. Bhabha (1949-), Aimé Cesaire (1913-2008), Albert Memmi (1920-) ou Mahatma Ghandi (1869-1848)? Em que outra seção deste livro seriam citados os nomes de intelectuais pioneiros na introdução dos discursos pós-coloniais nos estudos internacionais, como Boaventura de Souza Santos (1940-), Walter Mignolo, Aníbal Quijano (1928-), Fernando Coronil (1944-2011) ou Enrique Dussel (1934-)? Mesmo ainda sendo relativamente pouco conhecidos ou citados em RI, esses precursores e autores pioneiros vêm sendo cada vez mais utilizados para expandir os horizontes filosóficos, temáticos e conceituais da disciplina e para questionar os próprios rumos da política mundial.

O prefixo "pós-" não é um indicador temporal, mas uma indicação de continuidade política. A ideia de um pós-colonialismo não significa que "depois do colonialismo" não haveria mais um sistema global de poder hegemônico. Ao contrário, como afirma Gayatri Spivak[19], "vivemos em um 'mundo pós-colonial', em um 'mundo neocolonial'". Já para Homi Bhabha[20], "a 'pós-colonialidade' é uma lembrança salutar das 'relações neocoloniais', que persistem na 'nova' ordem mundial e na divisão multinacional do trabalho". A intenção das expressões "pós-colonial" ou "pós-colonialidade" é capturar as complexidades e continuidades de qualquer período histórico – nas palavras de Gyan Prakash[21], "o pós-colonialismo põe de lado a linguagem dos começos e fins". Além disso, assim como ocorre com outras perspectivas, alguns autores alinhados a essa perspectiva recusam o sufixo "-ismo", na medida em que há uma grande diversidade interna. Esta seção procura explorar algumas contribuições essenciais dos escritos pós-coloniais, recém-chegados à nossa área de conhecimento, para a compreensão das relações globais de poder históricas e/ou contemporâneas.

O fim dos regimes políticos coloniais, consumado na América Latina durante o século XIX e em amplas regiões da África e da Ásia entre os anos 1940 e a década de 1970, não modificou por completo os padrões de dominação política, econômica e cultural-epistemológica "europeia" ou "ocidental". Nessa leitura alternativa da história, a "experiência colonial" e o "poder colonial" são considerados fundamentais para uma compreensão adequada das relações internacionais. Como nos lembram esses estudos, nos anos 1930 as colônias e ex-colônias cobriam cerca de 80% das terras globais. Mesmo depois do fim dos sistemas formais de colonização, o colonialismo deixou seu legado, transformando o terreno e os discursos até para as próprias lutas de independência. Entre os principais elementos de continuidade estão a organização política em "Estados soberanos" e os discursos do "nacionalismo", que, ocupando um lugar hegemônico, condicionaram as estratégias de resistência e de libertação do sistema colonial. Nesse quadro, as teorias das RI – principalmente as perspectivas tradicionais, como o realismo e o liberalismo – são enxergadas como instrumentos afins à dominação europeia ou ocidental sobre a maior parte do globo, em especial pelo caráter universalista, "estadocêntrico" e, não raras vezes, elitista dessas teorias, o que contrasta com os discursos enunciados pelos diferentes pós-colonialistas.

As ideias e representações da disciplina sobre o "poder" e a "política mundial" estão imbricadas nas próprias relações de poder que caracterizam seu objeto de estudo, isto é, não há como desvencilhar as formas tradicionais de categorizar e teorizar sobre as relações

CAPÍTULO 4

19 SPIVAK, Gayatri C. The Political Economy of Women As Seen by Literary Critic. In: WEED, Elizabeth (Ed.). *Coming to Terms*. London: Routledge, 1990.

20 BHABHA, Homi K. *The Location of Culture*. London: Routledge, 1994.

21 PRAKASH, Gyan. Writing Post-Orientalist Histories of the Third World. *Comparative Studies in Society and History*, n. 32, 1990.

internacionais das próprias práticas coloniais ou neocoloniais, imperiais ou hegemônicas. Boa parte dos pós-colonialistas sublinha as dinâmicas políticas e intelectuais que se encontram por trás do processo de construção das RI enquanto disciplina e de seu campo teórico. A disciplina de RI é vista como parte da ordenação colonial do mundo e a preocupação que diferencia essa perspectiva das demais é desnudá-la, evidenciando as relações de poder colonial que a constituem e abrindo espaço para a mudança. Nascida na Europa e consolidada principalmente nos Estados Unidos, ela é considerada uma fonte de discursos dos ricos e poderosos, que fornecem "visões de mundo" do Ocidente e falham em capturar e refletir as preocupações e os pontos de vista dos povos e países mais pobres e menos poderosos. Para Walter Mignolo[22], a organização do mundo contemporâneo ainda é caracterizada pela "hegemonia da colonialidade-modernidade ocidental", vista como um padrão de referência absoluto e que, como tal, não vinha sendo questionado. Em sentido semelhante, Boaventura de S. Santos[23] afirma a necessidade de se reconhecer que o fim dos regimes coloniais, enquanto relação política, não provocou o fim de um complexo de relações desiguais globais, na medida em que o colonialismo-modernismo é persistente e baseia-se em formas de racionalidade discriminatória construídas historicamente, ao tempo dos regimes coloniais. A teoria das relações internacionais é mais um elemento constitutivo dessas continuidades.

Para as perspectivas pós-coloniais, no entanto, a saída é forçar uma subversão radical das epistemologias dominantes e dos enquadramentos teóricos tradicionais. Evidentemente, esse esforço não atinge apenas as RI, pois a proposta de reconstrução dos saberes pressupõe o questionamento das fronteiras disciplinares tradicionais. Assim, alguns estudos têm incorporado categorias inovadoras, como as ideias de "epistemologias do Sul", de Boaventura de S. Santos, ou de "colonialidade do saber", de Aníbal Quijano. A primeira expressão concebe o "Sul" como uma metáfora de resistência à dominação epistemológica e política do "Norte", da "Europa" ou do "Ocidente", e assenta-se em três orientações: "aprender que existe o Sul; aprender a ir para o Sul; e aprender a partir do Sul e com o Sul".[24] A descolonização das diversas áreas de conhecimento implica o reconhecimento de que existe uma monocultura epistemológica, que se reflete na injustiça cognitiva. Para o autor, o pensamento moderno impõe uma "racionalidade discriminatória", a qual reconhece a ciência moderna como único modo de produção de conhecimento válido, o que desqualifica e destrói outras formas de saber, contribuindo para a marginalização de certos grupos sociais. A expressão "colonialidade do saber", elaborada por Quijano, enfatiza que a visão eurocêntrica baseia-se em dois mitos fundadores: (i) a história da

22 MIGNOLO, Walter. *The Idea of Latin America*. Oxford: Blackwell Publishing, 2005.

23 SANTOS, Boaventura de S. *Do Pós-Moderno ao Pós-Colonial*. E para além de um e outro, 2004. Disponível em: <www.ces.uc.pt/misc/Do_pos-moderno_ao_pos-colonial.pdf>. Acesso em: 19 nov. 2011.

24 SANTOS, Boaventura de S. *Toward a New Common Sense:* Law, Science and Politics in the Paradigmatic Transition. New York: Routledge, 1995.

civilização humana como uma trajetória que partiu de um estado de natureza e culminou na Europa; e (ii) a visão das diferenças entre a Europa e os não europeus como diferenças naturais (raciais), e não consequências da história do poder. Assim, os mitos do evolucionismo e do dualismo são considerados elementos nucleares do eurocentrismo.[25] Para esses autores, as teorias e modelos epistemológicos dominantes deveriam dar lugar a novos "*locus* de enunciação", a partir dos quais deveríamos guiar nossos estudos, bem como ações políticas diferenciadas daquelas que têm conformado as relações internacionais nesses últimos séculos. O propósito de emancipação social, presente no pensamento europeu pelo menos desde o Iluminismo, necessita de novas reflexões teóricas e práticas políticas, capazes de reconhecer aqueles grupos sociais excluídos do acesso ao conhecimento científico, filosófico ou teológico.

Para o pós-colonialismo em geral, a injustiça social global está implicada na injustiça cognitiva global e, sendo assim, é preciso ir além da teoria crítica europeia. Em outros termos, é preciso abrir espaço para a representação das visões de mundo, identidades e interesses dos povos que estão sujeitos às novas formas de colonialismo. Como destacam alguns autores, o poder colonial tomou para si a capacidade de representar os "outros", transformando-os no próprio ato de conceituação. Nesse sentido, essa atribuição de identidade constitui-se em um ato de violência. Abrahamsen[26] argumenta que essa forma de representação reproduz o discurso colonial, adaptando-o aos novos tempos. Por exemplo, o conceito de "Estado falido" representa a alteridade em termos de comunidades políticas "caóticas", "anárquicas", "deficientes", "anormais", "carentes", "atrasadas", ou até mesmo "infantis". Por um lado, a identificação do "Outro" serve como exaltação da própria superioridade, pois o Ocidente é representado como "ordenado", "democrático", "racional", "avançado", "maduro" etc. Por outro lado, destaca a autora, o "Ocidente permanece como o 'doutor', apto a 'previnir' ou 'curar'", sendo uma solução, em vez de parte da explicação dos problemas identificados em outras regiões do mundo. O monopólio da representação da alteridade produz, como um de seus efeitos, a absolvição das responsabilidades dos regimes coloniais e das novas formas de colonialismo.

Um dos propósitos do pós-colonialismo é recontar a história de um ponto de vista contra-hegemônico dos povos colonizados, uma vez que ela é concebida como a narrativa dos poderosos, isto é, parte do próprio sistema colonial. No início dos anos 1980 foi fundado, na Índia, um grupo de estudos, o "Subaltern Studies Group", voltado à reescrever a história da perspectiva dos "subalternos", termo utilizado por Gramsci para referir-se a qualquer grupo ou pessoa marginalizada. Uma das principais contribuições do grupo fundado por Ranajit Guha foi demonstrar que tanto o nacionalismo como o colonialismo estiveram implicados no estabelecimento do capitalismo

25 QUIJANO, Aníbal. *Coloniality of Power, Eurocentrism and Latin America.* North Carolina: Duke University Press, 2000.

26 ABRAHAMSEN, Rita. Postcolonialism. In: GRIFFITHS, Martin (Ed.). *International Relations Theory for the Twenty-First Century:* An Introduction. New York: Routledge, 2007.

no país, algo de que a história oficial não havia se dado conta. No entanto, o propósito de recontar a história "indiana" continha em si alguns dilemas, como a essencialização da própria identidade nacional. Como reescrever a história de um povo ignorando o papel do colonialismo na própria concepção do que é a "nação indiana"? Alguns anos depois, uma das autoras mais influentes do pós-colonialismo, Gayatri Spivak[27], publicou um artigo intitulado *Can the Subaltern Speak*? (em português, algo como "O subalterno pode falar?"). Reunindo *insights* teóricos e políticos também do pós-estruturalismo, feminismo e marxismo, ela criticou a manipulação de noções de identidade eivadas de "essencialismo" a-histórico, bem como a ausência das questões de "gênero" nos "estudos subalternos". Para Spivak, é preciso dar voz aos marginalizados, porém com o cuidado de evitar definições essencialistas das subjetividades; o máximo que se pode aceitar é um "essencialismo estratégico", isto é, alguma forma de essencialismo para facilitar novas formas de resistência, desde que haja clareza em se tratar de uma estratégia para um contexto específico, mas ao mesmo tempo incapaz de prover soluções políticas de longo prazo, pois o risco é que a "identidade" seja reificada em novas formas de opressão, exploração e exclusão. Naturalmente, um dos objetivos de Spivak é chamar a atenção para a criação de condições que permitam às novas formas de alteridade ser ouvidas.

O tema da "identidade" é uma das questões centrais do pós-colonialismo. Cabe acrescentar que muitos dos autores que inspiram essa perspectiva escreveram no calor das lutas pela independência nacional, enfatizando as múltiplas formas de violência impostas pela opressão colonial, assim com o impacto do colonialismo sobre culturas, identidades e formas de resistência. Esse é o caso, por exemplo, de Franz Fanon, Albert Memmi, Amílcar Cabral, Aimé Césaire e Mahatma Ghandi. As lutas pela independência, por sua vez, articularam a resistência política à construção de discursos de identidade nacional. Por isso, o dilema entre "autenticidade" e "hibridismo" é uma das questões principais de suas reflexões sobre a "identidade". Como observa Abrahamsen[28], a maioria dessas fontes de inspiração e dos autores contemporâneos reconhece que não há possibilidade de retorno a concepções puras de identidade tradicional, pré-coloniais. O conceito de "hibridismo" refere-se ao fato de que existe um legado do passado colonial, mas que ao mesmo tempo essa noção marca a incapacidade do poder colonial de dominar completamente. Ou seja, o hibridismo é também um sinal de agência dos povos colonizados e de resistência à cultura do colonizador, como lembra Homi K. Bhabha[29]. O desenvolvimento de culturas híbridas, além de denotar a impossibilidade de um retorno idealizado às origens ou à essência de determinada identidade, põe abaixo a tradicional dicotomia entre dominação do colonizador e subserviência do colonizado. A capacidade de resistência e

27 SPIVAK, Gayatri C. Can the Subaltern Speak?. In: NELSON, Cary; GROSSBERG, Lawrence (Ed.). *Marxism and the Interpretation of Culture*. Basingstoke: MacMillan, 1988.

28 ABRAHAMSEN, 2007.

29 BHABHA, 1994.

oposição também serve, no contexto atual, para repensar em termos dialéticos a relação entre a cultura ou agência local e a suposta homogeneização decorrente da globalização.

De outro lado, há reflexões interessantes sobre a natureza do colonialismo e seu impacto sobre a própria identidade do colonizador, particularmente sobre seu projeto civilizacional. Escrevendo em meio à guerra pela libertação da Argélia, Fanon definiu o colonialismo como a negação sistematizada do outro, a negação dos múltiplos mundos humanos da diversidade de povos. Para ele, o legado principal dos regimes coloniais era o desordenamento e deslocamento sistemático, estruturado e violento dos significados sociais, sensibilidades e identidades dos outros. Escrito em seus últimos meses de vida, o livro *Os Condenados da Terra*[30] associa a condição colonial às diversas mutilações ocasionadas sobre os indivíduos e povos colonizados, mas sustenta a necessidade de desafiar e devolver a violência original do colonizador. Reduzido à condição de objeto, o momento de recusa e reação é considerado por ele um momento de humanização do colonizado. De um lado, a condição colonial é vista como "brutalização", "instrumentalização", "coisificação", "extermínio", "destruição" e "desumanização" do outro. A violência colonial é justificada – às vezes até pelos próprios intelectuais colonizados que o autor tanto critica – como um meio de tornar aqueles "não sujeitos", "não humanos", "irracionais", "partes da natureza" parte da "subjetividade humana", da "realidade universal", o que, de acordo com o discurso colonial, seria possível por meio da adoção, mesmo que forçada, dos valores europeus e sua razão universal.

CAPÍTULO 4

No entanto, como argumenta Fanon, a contribuição da Europa para a "história mundial" foi a produção sistemática do colonialismo, que resultou "na escravidão de quatro quintos da humanidade" e em sua exploração: não apenas a Europa é "dispensável", como dispensá-la é necessário para iniciar uma "nova história" e "novas concepções das possibilidades de ser humano". Em sua escrita contundente, Fanon afirma que a Europa é a fonte do problema, em vez de sentinela de qualquer princípio virtuoso, seja a "razão", seja, muito menos, a noção de "civilização". Outro autor que aponta as inconsistências entre a experiência colonial e o projeto civilizador da Europa é Aimé Césaire, cujo livro mais conhecido é *Discourse on Colonialism*.[31] O autor chama a atenção para o modo como a violência colonial minou os próprios valores da liberdade, da igualdade e do respeito, supostamente sustentados e representados pelos próprios europeus. "A Europa", diz Césaire, "é indefensável".[32] Esses dois autores, além de outros citados anteriormente, são utilizados por estudiosos contemporâneos como fonte de inspiração para apontar as características do sistema colonial e seus impactos não apenas sobre as culturas e modos de vida dos povos colonizados, mas, sobretudo, para ilustrar as implicações da experiência colonial – ou, em muitos casos, do neocolonialismo – sobre a própria cultura europeia

30 FANON, Franz. *Os Condenados da Terra*. Juiz de Fora: UFJF, 1961.

31 CÉSAIRE, Aimé. *Discourse on Colonialism*. New York: Monthly Review Press, 1972.

32 CÉSAIRE, 1972, p. 9.

e suas concepções de identidade. Em suma, para parte dos autores pós-coloniais, uma ideia central é a de que o chamado "encontro colonial" é uma marca crucial para a compreensão da história mundial, tendo marcado todos os povos envolvidos e deixado heranças efetivas sobre as relações globais de poder até os dias de hoje.

Um dos intelectuais que mais influenciam as interpretações pós-coloniais é Edward Said. Sobre o problema da identidade, por exemplo, Said argumenta que o reconhecimento de que o conceito possui um caráter fluido e construído serve de alerta, de modo que alegações de identidade não deem lugar a suas próprias formas de violência ou opressão. Os discursos essencialistas abrem espaço para políticas excludentes, como os nacionalismos e fundamentalismos religiosos, os quais podem criar novas minorias e subalternos. Para Said, qualquer discurso constitui um ato político e, portanto, reflete as relações de poder de determinado contexto social. Para isso, ele utiliza o conceito de "mundanidade" (em inglês, *worldliness*), que se refere ao fato de que nenhum texto ou autor existe no vácuo e, sendo assim, é preciso atentar para o enraizamento das ideias (e seus autores) nos respectivos contextos sociopolítico-culturais. Em diversos trabalhos, como *Orientalismo*[33], *Cultura e imperialismo*[34] e *Representações do intelectual*[35], Said destaca aquilo que é chamado pelos pós-coloniais de "política da representação cultural", bem como as interações complexas entre o passado e o presente que presidem a relação entre identidade, alteridade e imperialismo. Desses três livros, o primeiro foi responsável por projetar internacionalmente o autor, em um trabalho que, inspirado pelas abordagens de Foucault e Gramsci, analisa o "Oriente" como uma invenção do "Ocidente". Sua análise do "orientalismo" aponta como a criação de um tipo particular de discurso, como um complexo sistema de regras, esteve – e permanece até os dias de hoje – associado ao estilo ocidental de dominação, reestruturação e conquista de autoridade sobre aquilo que é chamado de "Oriente", através de inúmeras gerações de europeus e, no período posterior à Segunda Guerra, também de norte-americanos. Assim como acontece com tantos outros precursores do pós-colonialismo, os *insights* de Said têm sido utilizados para repensar as relações internacionais, históricas ou contemporâneas, desde novos lugares de enunciação.

São muitas as linhas de investigação do pós-colonialismo, que, para tornar a realidade mais complexa, aproveitam o potencial crítico de todas as outras novas abordagens das RI.

Para concluir esta breve introdução aos discursos pós-coloniais, cabe acrescentar que se trata de uma perspectiva que, além de ser relativamente recente na disciplina, ainda é uma abordagem marginal, como indica sua ausência quase completa da maioria dos livros-texto de teoria das RI. Mesmo quando são incluídas outras novas abordagens – o que nem sempre acontece –, raramente algum espaço é dedicado ao pós-colonialismo. Sempre existem algumas perspectivas

33 SAID, Edward. *Orientalismo*. São Paulo: Companhia das Letras, 2005.

34 SAID, Edward. *Cultura e imperialismo*. São Paulo: Companhia das Letras, 2011.

35 SAID, Edward. *Representações do intelectual*. São Paulo: Companhia das Letras, 2005.

silenciadas, como foi destacado no início deste livro, que chega ao seu fim. Mas também é interessante observar como a realidade da disciplina é dinâmica, pois, se hoje isso ocorre com o pós-colonialismo, o mesmo já ocorreu com outras perspectivas teóricas. Se a disciplina realmente caminhar para uma realidade de maior pluralismo teórico ou diversificação do pensamento, pode ser que no futuro o quadro de marginalização do pós-colonialismo comece a se modificar. De qualquer modo, o pós-colonialismo nas RI tem assumido a tarefa de forçar uma transformação dos padrões discursivos e políticos inspirados nas experiências "ocidentais", dando lugar a novas concepções sobre as relações internacionais, que substituam a ênfase em Estados, capacidades materiais, diplomacia, enfim, em interesses cognitivos, valores e padrões éticos e políticos interpretados como "coloniais", e deem lugar à construção de uma disciplina mais plural, capaz de dar voz a outros povos, identidades e formas de resistência política e cultural.

Questões para discussão

1. Reflita e discuta os principais elementos comuns ao pós-estruturalismo e ao pós-modernismo. Em sua opinião, a separação entre eles é sustentável, como foi apresentado na Seção 4.1, ou poderia ser eliminada?
2. Aceitando-se a separação apresentada nos itens 4.1.1 e 4.1.2, quais são as contribuições críticas do pós-estruturalismo e do pós-modernismo à reconstrução das teorias das RI neste princípio de século XXI?
3. Você concorda com a distinção entre "análises feministas" e "análise de gênero" apresentada no texto? E com a distinção entre "gênero" e "sexo"? Reflita e discuta com os colegas as razões para cada uma dessas respostas.
4. Reflita sobre temas contemporâneos que poderiam ser analisados a partir de uma perspectiva de gênero. O que se ganha ao introduzir essa nova perspectiva no conjunto das teorias das RI? Ou o que se perde quando se deixam de lado as perspectivas de gênero?
5. O que caracterizou os regimes coloniais e quais são as suas continuidades e/ou descontinuidades com as relações globais de poder contemporâneas?
6. Quais são as razões para introduzir as contribuições e questionamentos críticos do pós-colonialismo no estudo das relações internacionais?

Para saber mais

EDKINS, Jenny; VAUGHAN-WILLIAMS, Nick (Ed.). *Critical Theorists and International Relations*. New York: Routledge, 2009.

GRIFFITHS, Martin (Ed.). *International Relations Theory for the Twenty-First Century:* An Introduction. New York: Routledge, 2007.

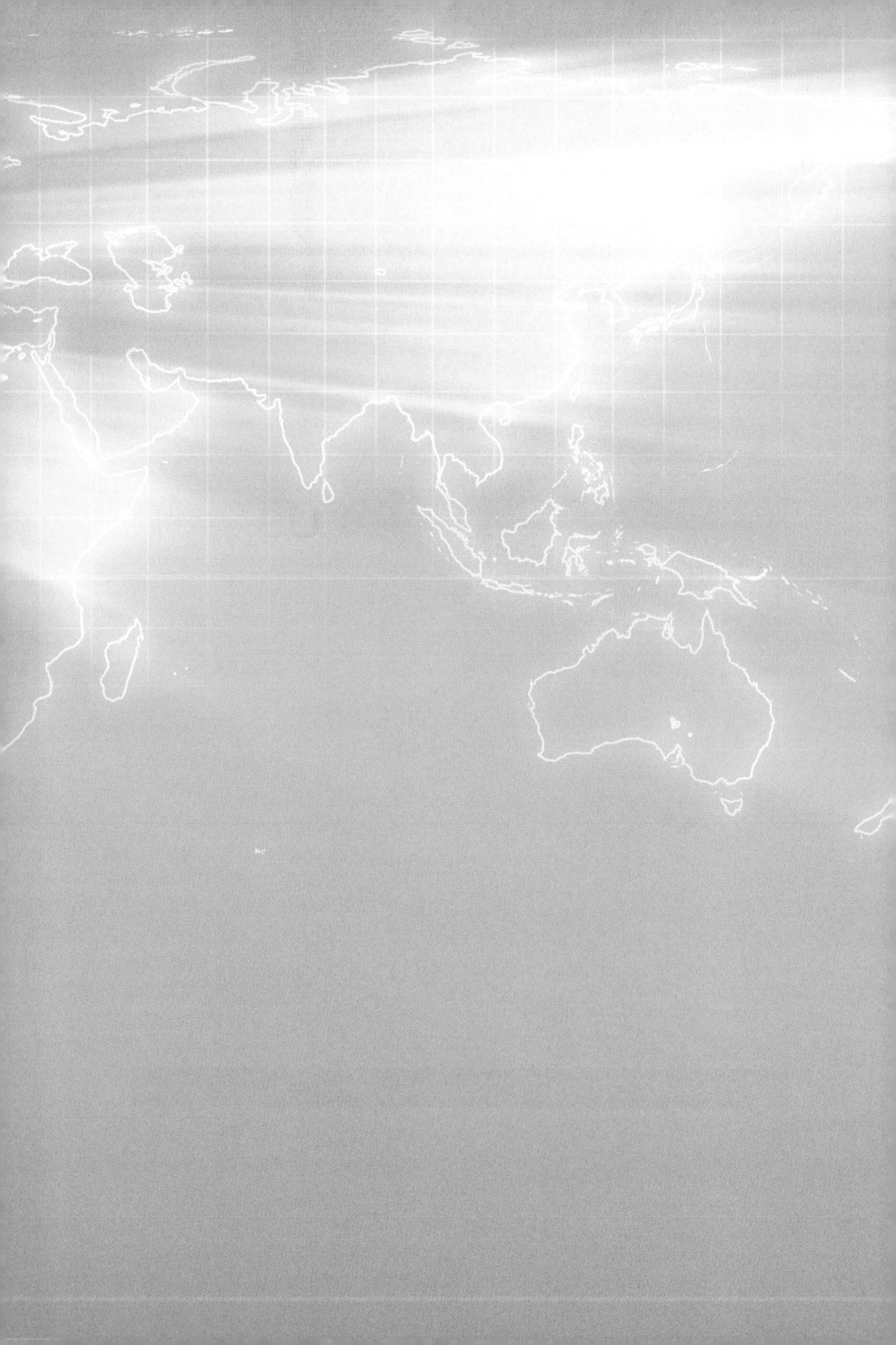

CONCLUSÃO

Há muitas páginas, o vasto assunto da Teoria das Relações Internacionais foi introduzido por meio da ideia de que uma disciplina acadêmica pressupõe a existência de uma comunidade especializada cujos membros se reconhecem mutuamente. Após percorrer as principais teorias desenvolvidas por estudiosos das RI, chegou o momento de fazer três ou quatro breves reflexões conclusivas. Por meio da apresentação das perspectivas teóricas consideradas essenciais para o conhecimento da disciplina, buscou-se demonstrar que, apesar das profundas divergências existentes no interior da comunidade acadêmica de RI, é possível identificar um conjunto de preocupações, discursos e debates próprios.

Decerto, mesmo as divergências em torno daquilo que é fundamental estudar, do modo como devemos investigar os fenômenos internacionais ou de como melhor interpretá-los são partes constitutivas da existência de qualquer disciplina, umas mais, outras menos. No caso das RI, como foi possível constatar ao longo dos capítulos anteriores, trata-se de um campo de estudos que se encontra em uma situação paradoxal, embora não necessariamente contraditória. Seus estudiosos buscam conciliar a reivindicação de autonomia disciplinar e teórica com as influências de outras áreas do conhecimento social e das humanidades. A apresentação das perspectivas teóricas tradicionais e contemporâneas procurou sublinhar esses dois lados do campo teórico das RI: há conceitos e argumentos próprios que ajudam a consolidá-la como jovem parceira das demais áreas do conhecimento, mas há também influências de outras áreas, que ajudam a enriquecer os debates acadêmicos específicos da disciplina. Recentemente, as novas abordagens das RI buscaram aproveitar ainda mais essas fontes externas do pensamento, ao mesmo tempo que se pode perceber outra novidade, que é realmente interessante mas fugiria ao escopo deste livro, consistente com o fato de que outras disciplinas também têm transcendido suas próprias fronteiras e vêm se ocupando de assuntos internacionais.

Quanto ao desenvolvimento das RI ao longo do último século, pode-se concluir que, na maior parte de sua existência, seu campo teórico caracterizou-se por debates relativamente limitados e muito concentrados nas diferentes visões sobre as relações internacionais – como foi o caso do "Primeiro Grande Debate" ou do "Debate Interparadigmático" – ou nas metodologias apropriadas ao seu estudo – como foi o caso do "Segundo Grande Debate". Atualmente, como demonstrado nos dois últimos capítulos deste livro, as teorias das RI passam por uma transformação profunda, não apenas porque se ampliou o sentido de abertura intelectual para o conhecimento produzido fora da disciplina, mas principalmente porque os debates contemporâneos, iniciados pelas querelas entre positivistas e pós-positivistas, propiciaram a emergência de questionamentos mais fundamentais. Quando se falou de uma expansão filosófica das RI, o que se procurava destacar era a elevação do nível de abstração nos debates trazidos pelas novas abordagens. Nesse sentido, a ideia de expansão filosófica refere-se à própria substância dos debates atuais, que buscam reexaminar as fundações ontológicas, epistemológicas e axiológicas de todo o empreendimento intelectual realizado pelos estudiosos das relações internacionais.

As diversas perspectivas teórico-filosóficas reunidas sob a abrangente – e, por isso mesmo, imprecisa – rubrica de "pós-positivistas" chamam a atenção para o papel legitimador dos discursos teóricos. As teorias são concebidas como elementos constitutivos da própria realidade que se propõem a "explicar" (embora, de fato, os novos teóricos prefiram a expressão "compreender", pois a ideia de "explicação" estaria associada a uma noção de independência entre o sujeito que produz o conhecimento e o objeto estudado). Quando se diz que as teorias são elementos constitutivos da realidade também se pretende chamar a atenção para o fato de que os agentes as utilizam como referenciais ou como justificativas para as decisões que tomam e os comportamentos que adotam. Até o debate contemporâneo, o campo teórico das RI tinha dificuldades em reconhecer as ligações entre a prática social e a construção do conhecimento sobre a realidade. Raramente era aceito que nossas racionalizações ou discursos a respeito dos fenômenos também são elementos constitutivos da prática. Esse fato assume maior gravidade quando se tem em mente a necessidade de constante legitimação das práticas de dominação, exploração ou violência. O desenvolvimento das perspectivas apresentadas nos últimos capítulos pretende começar a suprir esse enorme silêncio deixado pelas concepções teóricas tradicionais.

No entanto, como se procurou explorar no capítulo dedicado às perspectivas tradicionais, elas também têm recebido contribuições novas, embora não sejam tão influenciadas pelo que aqui se chamou de expansão filosófica da disciplina, mas que também buscam reformular os argumentos e conceitos mais tradicionais, desenvolvidos principalmente durante o período da Guerra Fria. Se a disciplina como um todo se moveu nas últimas décadas, o mesmo ocorreu no interior das perspectivas tradicionais. Se o novo quadro proporcionado pelos questionamentos pós-positivistas e seus efeitos desconcertantes é razão suficiente para otimismo ou se deve prenunciar maior pessimismo diante do futuro da teoria das RI, isso também é matéria de controvérsia intelectual. De qualquer modo, não parece razoável negar que a noção de um "Quarto Debate", que opõe vertentes positivistas e pós-positivistas, por mais complicados que sejam esses termos genéricos e por mais complexas que sejam as realidades internas a cada um desses polos, corresponde a uma boa descrição do estado da arte da disciplina neste começo de século. Mesmo que, provavelmente, haja outros modos de enxergar as teorias das RI no futuro.

Espera-se que este livro tenha sido útil não apenas para os estudantes e pesquisadores da área de Relações Internacionais, mas também para os de outras áreas das Ciências Humanas e Sociais. No entanto, é meu dever frisar que, atendendo às características da *Coleção Essenciais*, foram apresentados os elementos fundamentais para o conhecimento da Teoria das Relações Internacionais, porém, é preciso prosseguir com os estudos e, para isso, recomenda-se ler os precursores, os clássicos e os contemporâneos, refletindo e discutindo com os colegas e professores, que também participam dessa difusa comunidade intelectual. As referências bibliográficas dadas ao longo do texto, assim como as indicações fornecidas ao final de cada capítulo ("Para saber mais.."), podem servir de pistas para suas futuras investigações. Acima de tudo, espera-se que o estudo dos capítulos que compõem este livro, que se pode chamar de introdutório à *Teoria das Relações Internacionais*, provoque inquietação intelectual e curiosidade, pois sempre é preciso saber mais sobre aquilo que nos interessa sinceramente.

Referências

ABRAHAMSEN, Rita. Postcolonialism. In: GRIFFITHS, Martin (Ed.). *International Relations Theory for the Twenty-First Century:* An Introduction. New York: Routledge, 2007.

ADLER, Emanuel. O construtivismo no estudo das Relações Internacionais. In: *Lua Nova*, n. 47, 1997.

ANGELL, Norman. *A Grande Ilusão*. Brasília: UnB/IPRI, 2002.

ANN TICKNER, J. A Critique Of Morgenthau's Principles of Political Realism: A Feminist Reformulation. *Millenium*, v. 17, n. 3, 1988.

__________. *Gendering World Politics:* Issues and Approaches in the Post-Cold War Era. New York: Columbia University Press, 2001.

ARON, Raymond. *Paz e guerra entre as nações*. Brasília: UnB/IPRI, 2002.

ARRIGHI, Giovanni. *O longo século XX:* dinheiro, poder e as origens de nosso tempo. São Paulo: Contraponto/ Unesp, 1996.

ASHLEY, Richard. Political Realism and Human Interests. *International Studies Quarterly*, v. 25, 1981.

__________. Untying the Sovereign State: A Double Reading of the Anarchy Problematique. *Millenium*, v. 17, n. 2, 1988a.

__________. Geopolitics, Supplementary Criticism: A Reply to Professors Roy and Walker. *Alternatives*, v. 13, 1988b.

ASHWORTH, Lucian. Did the Realist-Idealist Debate Really Happen? A Revisionist History of International Relations. *International Relations*, v. 16, n. 1, 2002.

AUSTIN, John. *How To Do Things With Words*. Cambridge: Cambridge Universtity Press, 1962.

BALDWIN, David. *Neorealism and Neoliberalism:* The Contemporary Debate. New York: Columbia University Press, 1993.

BANKS, Michael. The Inter-Paradigm Debate. In: LIGHT, Margot; GROOM, A. J. R. (Ed.). *International Relations. A Handbook of Current Theory*. London: Francis Pinter, 1985.

BERGER, Peter; LUCKMAN, Thomas. *A Construção Social da Realidade:* Tratado de Sociologia do Conhecimento. Petrópolis: Editora Vozes, 2003.

BHABHA, Homi K. *The Location of Culture*. London: Routledge, 1994.

BULL, Hedley. International Theory: A Case for a Classical Approach. *World Politics*, v. 18, n. 3, 1996.

____________. The theory of international politics: 1919-1969. In: PORTER, Brian (Ed.) *International Politics:* 1919-1969. Oxford: Oxford University Press, 1972.

BUZAN, Barry. The Level-of-Analysis Problem in International Relations Reconsidered. In: BOOTH, Ken; SMITH, Steve (ed.). *International Relations Theory Today*. Pennsylvania: The Penn State University, 1995.

CARDOSO, Fernando; FALETTO, Enzo. *Dependencia y Desarrollo em América Latina:* ensayo de interpretación sociológica. Buenos Aires: Siglo XXI, 2005.

CARR, Edward H. *Vinte anos de crise (1919-1939):* uma introdução ao estudo das Relações Internacionais. Brasília: UnB/IPRI, 2002.

CÉSAIRE, Aimé. *Discourse on Colonialism*. New York: Monthly Review Press, 1972.

CLAUSEWITZ, Carl von. *Da Guerra*. São Paulo: Martins Fontes, 1996.

COX, Robert. Social Forces, States, and World Orders: Beyond International Relations Theory. In: KEOHANE, Robert (Ed.). *Neorealism and its Critics*. New York: Columbia University Press, 1986.

__________. Gramsci, Hegemony, and International Relations. In: COX, Robert; SINCLAIR, Timothy. *Approaches to World Order*. Cambridge: Cambridge University Press, 1996.

DEUTSCH, Karl. *Political Community at International Level*. Garden City: Doubleday, 1954.

DEUTSCH, Karl. *Political Community and the North Atlantic Area:* International Organization in the Light of Historical Experience. Princeton, NJ: Princeton University Press, 1957.

DOYLE, Michael. Kant, Liberal Legacies and Foreign Affairs: Part I. *Philosophy and Public Affairs*, n. 12, 1983a.

__________. Kant, Liberal Legacies and Foreign Affairs: Part II. *Philosophy and Public Affairs*, n. 12, 1983b.

__________. *Ways of War and Peace:* Realism, Liberalism, and Socialism. New York: WW Norton, 1997.

__________. Three Pillars of the Liberal Peace. *American Political Science Review*, v. 99, n. 3, 2005.

EDKINS, Jenny; VAUGHAN-WILLIAMS, Nick (Ed.). *Critical Theorists and International Relations*. New York: Routledge, 2009.

ENLOE, Cynthia. *Bananas, Beaches, and Bases:* Making Feminist Sense of International Politics. Berkeley: Berkeley University Press, 1990.

__________. Feminism. In: GRIFFITHS, Martin (Ed.). *International Relations Theory for the Twenty-First Century:* An Introduction. New York: Routledge, 2007, p. 101.

ESCOBAR, Arturo. *Encountering Development:* The Making and Unmaking of the Third World. Princeton: Princeton University Press, 1995.

FANON, Franz. *Os condenados da terra*. Juiz de Fora: UFJF, 1961.

FROST, Mervyn. *Towards a Normative Theory of International Relations*. Cambridge: Cambridge University Press, 1986.

GIDDENS, Anthony. *A constituição da sociedade*. São Paulo: Martins Fontes, 2003.

GILLIGAN, Carole. *In a Different Voice: Psychologial Theory and Women's Development*. Cambridge: Cambridge University Press, 1982.

GILPIN, Robert. *US Power and the Multinational Corporation:* The Political Economy of Direct Foreign Investment. New York: Basic Books, 1975.

__________. *War and Change in World Politics*. Cambridge: Cambridge University Press, 1981.

GLASER, Charles L. Realists as Optimists: Cooperation as Self-Help. *International Security*, n. 19, p. 51, 1994/95.

__________. The Security Dilemma Revisited. *World Politics*, n. 50, p. 171, 1997.

GOLDSTEIN, Joshua. *War and Gender:* How Gender Shapes the War System and Vice Versa. Cambridge: Cambridge University Press, 2001.

GOLDSTEIN, Judith; KEOHANE, Robert (Ed.). *Ideas and Foreign Policy:* Beliefs, Institutions, and Political Change. Ithaca: Cornell University Press, 1993.

GRIFFITHS, Martin. *50 grandes estrategistas das Relações Internacionais*. São Paulo: Contexto, 2004.

_________. (Ed.) *International Relations Theory for the Twenty-First Century:* An Introduction. New York: Routledge, 2007.

GROTIUS, Hugo. *Do Direito da Guerra e da Paz*. Ijuí: Unijuí, 2004.

HABERMAS, Jürgen. *The Theory of Communicative Action*. Boston: Beacon, 1984.

HARDING, Sandra. Strong Objectivity. *Social Research*, v. 59, 1992.

HARDT, Michael; NEGRI, Antonio. *Império*. Rio de Janeiro: Record, 2000.

HERZ, John. *Political Realism and Political Idealism:* A Study in Theories and Realities. Chicago: University of Chicago Press, 1951.

HILFERDING, Rudolf. *O Capital Financeiro*. São Paulo: Nova Cultura, 1985.

HOBBES, Thomas. *Leviatã*. São Paulo: Martins Fontes, 2003.

HOBSON, John. *Imperialism:* A Study. Ann Harbor: Michigan University Press, 1972.

HOFFMAN, Mark; RENGGER, Nick J. (Org.). *Beyond the Interparadigm Debate:* Critical Theory and International Relations. Hemel Hempstead: Harvester Wheatsheaf, 1990.

HORKHEIMER, Max. Traditional and Critical Theory. In: HORKHEIMER, Max. *Critical Theory:* Selected Essays. New York: Herder & Herder, 1972.

IKENBERRY, John. *After Victory:* Institutions, Strategic Restraint, and the Rebuilding of Order After Major Wars. Princeton, NJ: Princeton University Press, 2001.

JERVIS, Robert. Cooperation under the security dilemma. *World Politics*, n. 40, 1978.

KANT, Immanuel. *A Paz Perpétua e Outros Opúsculos*. Lisboa: Ed. 70, 1988.

KAPLAN, Morton. *System and Process in International Politics*. New York: John Wiley & Sons, 1957.

__________. The New Great Debate: Traditionalism vs. Science in International Relations. *World Politics*, v. 19, n. 1, 1966.

KAUTILYA. *Arthashastra*. Brasilia: Editora Universidade de Brasília, 1994.

KEOHANE, Robert. *After Hegemony:* Cooperation and Discord in World Political Economy. Princeton, NJ: Princeton University Press, 1984.

__________. International Institutions: Two Approaches. *International Studies Quarterly*, v. 32, n. 4, 1988.

__________; NYE, Joseph. *Power and Interdependence*. Boston: Little and Brown, 1977.

KEYNES, John M. *As consequências econômicas da paz*. Brasília: UnB/IPRI, 2002.

KLEIN, Bradley S. *Strategic and World Order:* The Global Politics of Deterrence. Cambridge: Cambridge University Press, 1994.

KRASNER, Stephen (Ed.). *International Regimes*. Ithaca: Cornell University Press, 1983.

KRATOCHWIL, Friedrich. *Rules, Norms, and Decisions:* On The Conditions of Pratical and Legal Reasoning in International Politics. Cambridge: Cambridge University Press, 1989.

KUHN, Thomas S. *A estrutura das revoluções científicas*. São Paulo: Perspectiva, 2000.

LACHER, Hannes. Making Sense of the International System: the Promises and Pitfalls of the Newest Marxist Theories of International Relations. In: RUPERT, Mark; SMITH, Hazel (Ed.). *Historical Materialism and Globalization*. London: Routledge, 2002.

LAPID, Yosef. The Third Debate: On the Prospects of International Theory in a Post-Positivist Era. *International Studies Quarterly*, v. 33, n. 2, 1989.

LÊNIN, Vladimir. *O imperialismo:* fase superior do capitalismo. São Paulo: Global, 1982.

LINKLATER, Andrew. *Beyond Realism and Marxism:* Critical Theory and International Relations. London: MacMillan, 1990.

LLOYD, Christopher. *The Structures of History*. Oxford: Basil Blackwell, 1993.

MAQUIAVEL, Nicolau. *O Príncipe*. São Paulo: Penguin Classics/Companhia das Letras, 2010.

MCKINLAY, Robert D.; LITTLE, Richard. *Global Problems and World Order*. London: Francis Pinter, 1986.

MEARSHEIMER, John. Back to the Future: Instability in Europe after the Cold War. *International Security*, n. 15, 1990.

__________. The False Promise of International Institutions. *International Security*, n. 19, 1994/95.

__________. A Realist Reply. *International Security*, n. 20, 1995.

__________. *The Tragedy of Great Power Politics*. New York: WW. Norton, 2001.

MEDEIROS, Marcelo; LIMA, Marcos; VILLA, Rafael; REIS, Rossana (Org.). *Clássicos das Relações Internacionais*. São Paulo: Hucitec, 2010.

MIGNOLO, Walter. *The Idea of Latin America*. Oxford: Blackwell Publishing, 2005.

MITRANY, David. *A Working Peace System:* An Argument for the Functional Development of International Organizations. Chicago: University of Chicago Press, 1943.

MORAVCSIK, Andrew. Taking Preferences Seriously: A Liberal Theory of International Politics. *International Organization*, n. 51, 1997.

MORGENTHAU, Hans J. *A política entre as nações:* a luta pelo poder e pela paz. Brasília: UnB/IPRI, 2003.

NEUMANN, I.; WAEVER, O. *The Future of International Relations:* Masters in the Making. London/New York: Routledge, 1997.

ONUF, Nicholas G. *Worlds of Our Making:* Rules and Rule in Social Theory and International Relations. South Carolina: University of South Carolina Press, 1989.

PRAKASH, Gyan. Writing Post-Orientalist Histories of the Third World. *Comparative Studies in Society and History*, n. 32, 1990.

QUIJANO, Aníbal. *Coloniality of Power, Eurocentrism and Latin America.* North Carolina: Duke University Press, 2000.

RICH, Paul. Reinventig peace: David Davies, Alfred Zimmern and Liberal Internationalism in interwar Britain. *International Relations*, v. 16, n.1, 2002.

ROBINSON, William. *A Theory of Global Capitalism* – Production, Class, and State in a Transnational World. Baltimore: Johns Hopkins University Press, 2004.

ROCHA, Antônio Jorge. *Relações Internacionais* – teorias e agendas. Brasília: IBRI, 2002.

ROSE, Gideon. Review: Neoclassical Realism and Theories of Foreign Policy. *World Politics*, n. 51, 1998.

RUDDICK, Sara. *Maternal Thinking:* Towards a Politics of Peace. Boston: Beacon Press, 1989.

RUGGIE, John. *Constructing the World Polity* – Essays on International Institutionalization. New York/London: Routledge, 1998.

RUSSET, Bruce. *Community and Contention:* Britain and America in the Twentieth Century. Cambridge: Massachusetts Institute of Technology Press, 1963.

SAID, Edward. *Orientalismo*. São Paulo: Companhia das Letras, 2005.

__________. *Representações do intelectual*. São Paulo: Companhia das Letras, 2005.

__________. *Cultura e imperialismo*. São Paulo: Companhia das Letras, 2011.

SANTOS, Boaventura de S. *Toward a New Common Sense:* Law, Science and Politics in the Paradigmatic Transition. New York: Routledge, 1995.

__________. *Do Pós-Moderno ao Pós-Colonial*. E para além de um e outro, 2004. Disponível em: <www.ces.uc.pt/misc/Do_pos-moderno_ao_pos-colonial.pdf>. Acesso em: 19 nov. 2011.

SCHWELLER, Randall. *Unanswered Threats:* Political Constraints on the Balance of Power. Princeton, NJ: Princeton University Press, 2006.

SEARLE, John. *Os Atos de Fala:* Um Ensaio de Filosofia da Linguagem. Coimbra: Almedina, 1981.

SINGER, David. International Conflict: Three Levels of Analysis. *World Politics*, v. 12, n. 3, 1960.

__________. The Level-of-Analysis Problem in International Relations. *World Politics*, v. 14, n. 1, 1961.

SMITH, Steve. The Self-Image of a Discipline: A Genealogy of International Relations Theory. In: BOOTH, Ken; SMITH, Steve (Ed.). *International Relations Theory Today*. Pennsylvania: The Penn State University, 1995.

__________; BOOTH, Ken; ZALEWSKI, Marysia (Ed.). *International Theory:* Positivism and Beyond. Cambridge: Cambridge University Press, 1996.

SNYDER, Jack. *Myths of Empire:* Domestic Politics and International Ambition. Ithaca: Cornell University Press, 1991.

SPIVAK, Gayatri C. The Political Economy of Women As Seen by Literary Critic. In: WEED, Elizabeth (Ed.). *Coming to Terms*. London: Routledge, 1990.

_________. Can the Subaltern Speak?. In: NELSON, Cary; GROSSBERG, Lawrence (Ed.). *Marxism and the Interpretation of Culture*. Basingstoke: MacMillan, 1988.

SUN TZU. *A Arte da Guerra*. São Paulo: Martins Fontes, 2002.

SYLVESTER, Christine. Feminist Theory and Gender Studies in International Relations. *International Studies Notes*, v. 16, n. 1, 1992.

TUCÍDIDES. *História da Guerra do Peloponeso*. Brasília: UnB/IPRI, 2002.

VAN EVERA, Stephen. Offense, Defense and the Causes of War. *International Security*, v. 22, n. 4, p. 43, 1998.

VIOTTI, Paul; KAUPPI, Mark V. *International Relations Theory:* Realism, Pluralism, Globalism, and Beyond. Needham Heights: Allyn and Bacon, 1999.

WÆEVER, Ole. The Rise and Fall of the Inter-Paradigm Debate. In: SMITH, Steve; BOOTH, Ken; ZALEWSKI, Marysia (ed.). *International Theory: Positivism and Beyond*. Cambridge: Cambridge University Press, 1996.

_________. Figures of International Thought: Introducing Persons Instead of Paradigms". In: NEUMANN, I.; WAEVER, O. *The Future of International Relations:* Masters in the Making. London/New York: Routledge, 1997a.

WALKER, R. B. J. *Inside/Outside:* International Relations as Political Theory. Cambridge: Cambridge University Press, 1993.

WALTZ, Kenneth. *O homem, o estado e a guerra:* uma análise teórica. São Paulo: Martins Fontes, 2004.

_________. *Theory of International Politics*. Reading: Addison-Wesley, 1979.

WENDT, Alexander. Constructing International Politics. *International Security*, v. 20, n. 1, 1995.

_________. The Agent-Structure Problem in International Relations. *International Organization*, v. 41, n. 3, 1987.

_________. Anarchy is What States Make of it: The Social Construction of Power Politics. *International Organization*, v. 46, n. 2, 1992.

_________. Collective Identity Formation and The International State. *American Political Science Review*, v. 88, n. 2, 1994.

_________. *Social Theory of International Politics*. Cambridge: Cambridge University Press, 1999.

WILSON, Peter. The Myth of the First Great Debate. In: DUNNE, Tim; COX, Michael; BOOTH, Ken (Org.). *The Eighty Years' Crisis – International Relations, **1919-1999***. Cambridge: Cambridge University Press, 1998.

WITTGENSTEIN, Ludwig. *Investigações Filosóficas*. Petrópolis: Editora Vozes, 2012.

WOOD, Ellen. *Empire of Capital*. London: Verso, 2003.

ZAKARIA, Fareed. *From Wealth to Power:* The Unusual Origins of America's World Role. Princeton, NJ: Princeton University Press, 1998.